JN069588

Modern business theory

現代
ビジネス論

岩谷 昌樹

IWATANI Masaki

学文社

まえがき

　本書は，大学の経営学部において開講される「現代ビジネス」に関する科目の教科書として作成したものである。主には筆者が担当する「現代ビジネス論」において用い，その受講生を対象としているが，他大学でのテキストや大学生の自主学習としても活用できることを狙って次の2点を施している。

　1つは，的を射た要約作業のトレーニングができるようにキーワードを各章の冒頭に設定している点。いま1つは，端的に調べたり考えたりするための演習テーマ（エクササイズ）を各章の最後に提示している点にある。

　このように，キーワードやエクササイズをテキストに記載する必要性に気づいたのは，今回のコロナ禍で，臨戦態勢で対応することになった遠隔授業の経験からである。

　わずかな準備期間で，対面式の講義をオンラインに代替して実施したが，この形式でのレクチャーを行って感じたことは，教場に通うことがかなわず，リモート・スタディとなった状況では「教師あり学習」よりも「教師なし学習」が効果的ということである。

　教師あり学習とは，答えが最初から与えられているものを勉強することである。漢字の書き取りや計算などである。教師なし学習とは，ひらめきや洞察によって，自発的に何かを新発見することである。

　現代ビジネス世界は，コンセプチュアル（発想力・思考力で差がつく）時代を迎えている。経営学部生は，この時代に対応できる能力を大学に在籍している期間に養っておく必要がある。とりわけ経営学ではケーススタディが発達しており，実際の身近な企業事例から学ぶ手法が定着しているので，取り組みやすい分野である。

　実際，筆者も大学院生時代にハーバード・ビジネススクールがウォルト・ディズニー社を教材とした文献にあたったことで，興味深く学ぶことができ，ケース・メソッドの有効性に気づいた。肝心なことは，より多くの企業事例に

触れていくこと，つまりは数をこなすことである。その際には，消費者の立場で辿るのか，経営サイドの思考を読むのか，視点を固定することが必要である。

　いずれのケースにも「こうしたから，こうなった」という因果関係がある。時には思いがけないことが起こり，理由の説明できない成功もある。意図した戦略が実際の市場展開の過程で創発される（エマージェント：予測を超えるイノベーションを誘発する）のである。経営がサイエンスであり，アートないしクラフトでもあると言われる所以である。

　そうした経営学を修得するための基礎は，とにかく多くの企業物語の文脈に身を置き，その中で企業の思考を紐解くことに慣れることである。野球ならば千本ノック，バスケットボールならドリブルの練習に打ち込むことに等しい。経営学部生としての「足腰」を鍛えるための一助となるべく，本書では下記のように学生の関心を引くような内容にしている。

　第1章「GAFA に見るプラットフォーム構築の方法」では，現代ビジネスの四天王である GAFA（ガーファ：Google，Apple，Facebook，Amazon）について取り上げている。資料の検索，スマートフォンでの音楽・動画の視聴，自身の近況発信・友人の近況受信，ネットショッピング。いずれも現在の大学生のライフスタイルに欠かせないことであり，それらを担っているのが GAFA である。その共通点は「プラットフォーム」というユーザーのアクセス地点を構築しているところにある。電車に乗るには駅まで行かなければならないように，GAFA のサービスを利用するにはそのアプリを開かなければならない。一度に電車は1つしか乗れないように，GAFA のいずれかを使っている間は他のアプリは使用できない。したがって利用時間の奪い合いが競争での焦点になる。このことから例えば「ポケモン GO」も GAFA のライバルであることが理解できる。そうしたプラットフォーム構築は日本企業が大きく立ち遅れた部分でもある。

　第2章「未来志向のイノベーターによるビジネス革新」では，これからの仕事において AI に代替されないものの1つと見なされるイノベーターに注目している。現代ビジネスではイノベーションが経営の中心的な活動となってい

ることは，経営学者に共通した認識になっている。現代ビジネスにおけるイノ
ベーションは，① モノに関するもの，② 構造に関するもの，③ 経験に関する
ものの3つに分かれる。モノでは製品性能，製品システム。構造では収益モデ
ル，ネットワーク，組織構成，プロセス。経験ではサービス，チャネル，ブラ
ンド，顧客エンゲージメントの各点が重視される。こうしたことに挑むイノ
ベーターは「将来的にはこうなっていたい」という明確なビジョンに基づいて
行動する。つまり「未来志向（フューチャリズム）」なのである。その発想が大
胆であるので，組織においてはイノベーターを理解でき，擁護でき，その行動
を周囲に説明・説得できる者として，アンバサダーの存在が求められる。

　第3章「マーベリック・カンパニー：独自の発想でビジネスに挑む企業」で
は，経営学において未だ浸透・定着していない「マーベリック・カンパニー」
という鮮度の高い用語を豊富な事例とともに紹介している。これまでの経営学
では1980年代に「エクセレント・カンパニー（卓越した超優良企業）」，1990年
代には「ビジョナリー・カンパニー（基本理念を維持しつつ，進歩を促す企業）」，
2000年代では「リビング・カンパニー（生命力を持った長寿企業）」が，会社の
特質を捉えるものとして提示された。この10年周期に従って2010年代のカン
パニー・コンセプトを本章と次章で2つ取り上げている。そのうちの1つが，
ビジネス雑誌『ファストカンパニー』を立ち上げたテイラーが提唱した「マー
ベリック・カンパニー（独自な発想で，ビジネスに挑む企業）」である。その条
件には，① 競争の概念を変える，② イノベーションの常識を変える，③ 顧客
との絆を取り戻す，④ 仕事の仕方そのものを変えるという4点が挙がる。

　第4章「アルファドッグ・カンパニー：『良い装備』で卓越する企業」では，
「マーベリック・カンパニー」とともに2010年代のカンパニー・コンセプトと
して位置づけられる「アルファドッグ・カンパニー（小さな最強企業）」に着目
している。これはジャーナリストのフェンが提唱した「業界のリーダーとなっ
ているローテク企業」のことである。アルファドッグとは群れの中で先頭を走
る犬を意味する。その活動に秀でた点がある場合，光の当て方（企業の捉え方）
によっては，その姿の後ろに大きな影（優れた部分）が映る。それをフェンは

「良い装備（グッド・アウトフィット）」と表現し，その構成要素として顧客サービス，従業員の参加，テクノロジーの利用，コミュニティーとのつながり，イノベーション，ブランド力の強化，連携・協力関係の構築，自己革新を掲げる。マーベリック・カンパニーと共通してイノベーションが挙がっているので，本書第2章からの「縦串」キーワードは，イノベーションとなる。

第5章「企業成長を導くビジネスリーダーの条件」では，現代ビジネスに取り組む企業のかじ取りを担う主導者の果たすべきことについて言及している。昨今，スタンフォード大学経営大学院のオライリー教授らが提唱した「深化と探索の両利きの経営（リード・アンド・ディスラプト）」に注目が集まっている。深化とは，現在取り組んでいるビジネスが競合他社に負けないように自社能力の強度を増していくことである。リソースには限りがあるので，こればかりに注力すると，新規ビジネスへの着手という探索が疎かになってしまう。これは好調な既存ビジネスに潜む「成功の罠（サクセス・トラップ）」である。それに陥らないために，リーダーシップが必要となる。このリーダーシップを探るため，有名なビジネスリーダーの見解や経営改革の実践をなしたマネジャーの実例に，高名な組織論者の唱えるロジックを重ね合わせることで「リーダーという組織内のポジションはなく，周囲から認められてなるもの」といった命題を幾つか導き出している。

第6章「社員を活かす職場の創り方」では，ビジネスリーダーが指揮を執る組織という職場をいかに創造性あふれる場とすることができるかという側面での「働き方改革」に視点を置いている。マネジメント論や経営組織論を学ぶ際に必ず登場するのが，マズローの「5つの欲求段階説」である。これには，さらに第6段階にあたる「自己超越欲求（他人や社会のために尽くしたい）」がある。現代に最も求められるのは，このように社員が「他の誰かのために働きたい」という「パーパス（目的，存在理由）」を持つことである。このことから働き方改革ではなく「働きがい改革」が重要であることが新たに主張され始めている。こんにちでは「最高の職場（グレート・ワークプレイス）」をランキング形式で認定することがなされている。その際の評価基準は，信用・尊敬・公正・誇り・

連帯感の5つである。また，理想の組織体として「ホラクラシー」や「ティール」といったコンセプトも登場している。

第7章「デザイン経営の6つのセンス」では，創造的な組織がイノベーションを興すときに採用すべき経営手法となるデザイン経営について論じている。筆者は，このデザイン経営に関して20年間研究してきた。その研究での一貫した考えは，単に作っただけのモノは「作りモノ（製造物）」であり，それにネーミングやパッケージング，マーケティングなどを施して初めて「売りモノ（製品）」となる。さらにはデザインに最大限の配慮をなすことで「売れるモノ（商品）」になるというロジックである。昨今，多く提示されるデザイン思考法というスキルをなぞっても大きな成果は出せない。デザイン経営のセンスが圧倒的で決定的な差異を生むのである。そのセンスには，① デザイナーをリソース化するセンス，② デザインでブランドを築くセンス，③ 組織全体でデザインを援護するセンス，④ デザインでイノベーションを興すセンス，⑤ デザインで戦略を立てるセンス，⑥ デザインがもたらす優位性を保持するセンスの6つがある。

第8章「デザイン・リードによる価値創造戦略」では，デザイナーがイニシアティブをとり，企業の戦略を引っ張っていくことで，市場での成功を収めた企業事例から，価値創造の仕方を捉えている。アメリカ国内だけで展開する小売業にターゲットがある。アメリカ最大の小売業であるウォルマートの低価格路線に真っ向勝負しても勝ち目はないので，2番手の採る戦略としてデザインによる差別化で独自のポジションを築いてきた。その際には，外部のデザイナーとの提携を巧みに利用して，ターゲットという屋号を常にフレッシュなモノに保ってきた。それは言わば「花（流行のデザイナー）」と「花器（不変の社名）」の関係である。イタリアのアレッシィも独特のアプローチで市場での存在感を有し続けてきている。社内にデザイナーを持たず，全ての製品を外部デザイナーで賄っていることで，時代性を追っているのである。日本において，こうしたデザイン・リードでの商品開発は，スタートアップ企業が比較的取り組みやすい。

第9章「経験価値提供ビジネス：無印良品を事例として」では，大学生からのブランドイメージが良く，アルバイト先としても人気がある無印良品のケースから，経験価値及び最大価値戦略について考えている。経験価値とは，五感を通じて得た体験に宿る極私的な思い入れのことである。旅行やレストランでの食事などが典型的だが，商品レベルでも十分提供されている。最大価値とは，コスト・リーダーシップと差別化という二大戦略を同時に追い求めることである。日本企業では無印良品が，この2つの価値を創業時からブレることなく提供してきている。社内では，これを「シニフィエ（記号内容：意味されるもの）」という情報価値の提供と見なしていた。シニフィエの反対は「シニフィアン（記号表現：意味するもの）」という固有の価値（利用価値）である。商品がシニフィアンであるなら，シニフィエは「センスの良い豊かな暮らし」となる。そうしたシニフィエを販売するのが，無印良品なのである。

目　次

第1章　GAFA に見るプラットフォーム構築の方法

〈本章を理解するためのキーワード〉

GAFA，マッチメイカー，マルチサイド・プラットフォーム，分散された信頼

1.「スーパーノバ」が定めた 21 世紀企業のルール

　現代ビジネスの原動力となっている技術は，2007 年に大きな転機を迎えた。

　こう捉えるのは『レクサスとオリーブの木』(2000) や『フラット化する世界』(2006) などの著作で，世界がどのような状況下にあるのかを鋭く指摘し，ピューリッツァー賞 (新聞出版業にて財を成したジョーゼフ・ピューリッツァーの遺志により 1917 年に創設された，アメリカにおける新聞，雑誌，文学，作曲などの功績に対して授与される賞) を 3 度受賞したフリードマンである。

　『レクサスとオリーブの木』では，どんなに世界がグローバル化に向かおうとも，それは常に新しいモノ (先進性) を求める世界の半分の市場においてだけであり，セミ・グローバルにとどまるとした。つまり「レクサス」のようなグローバル・グッズを買い求める国は限られており，「オリーブの木」というローカル・アイコンを誰が所有するのかに関心が置かれる国も併存するのである。要は，豊かさの象徴が国によって異なるということである。

　『フラット化する世界』では，そうしたグローバル化を次の 3 つに分けて示した。1 つはコロンブスがアメリカ大陸を発見した 1492 年に始まり 1800 年頃までの「国家のグローバル化」。もう 1 つは 1800 年頃から 2000 年頃までの「企業のグローバル化」。いま 1 つが 21 世紀での「個人のグローバル化」である。これは，世界のサイズが L (国家) から M (企業) そして S (個人) へと小さくなってきたとともに，競争し合う場所が平坦 (フラット) になったことを表している。

　フラットになり「個人のグローバル化」に進んだ中での 2007 年では，まず Apple が iPhone を発売したことを機に，スマートフォンへの移行が始まった。また，ソフトウェアフレームワークの Hadoop が登場し，コンピュータの扱え

るデータ容量が爆発的に向上したことで，ビッグデータの利用が可能となった。

　他にも 2007 年では Google の OS「アンドロイド」や Amazon の電子書籍「キンドル」あるいは Facebook，Twitter，Airbnb，Uber が緒に就き，さらにはビットコインの開発が始まった年だった。そういった面で 2007 年は，まさに「歴史の当たり年」であった。

　2007 年以降では情報にアクセスするメインツールが，パソコンからスマートフォンに移行したことでリアルタイム化が進み，リード（読み手となること）からライト（書き手となること）が増え，発信される情報量のほうが圧倒的に多くなった。ルネッサンス期の平均的な人間が生涯で得る情報量よりも，『ニューヨーク・タイムズ』紙日曜版 1 日分に載る情報量のほうが多いと言われるほど，情報過多の時代を迎えている。

　特筆すべき点は，そのスピードである。「ムーアの法則（Intel のゴードン・ムーアが示した「2 年ごとにマイクロチップの性能が 2 倍になる」という予測）」の通りに，AI や 3D プリンターなどを生み出す「クラウドコンピューティング」によって，世界は幾何級数的な成長を続けている。このクラウドコンピューティングをフリードマンは「スーパーノバ（超新星）」と呼ぶ。

　その改善のペースが，どれほど幾何級数的であるかについて，フリードマンは次のように自動車で例える。「時速 48 万 2,800 メートルで，1 リットルのガソリンで 85 万キロメートル走ることができる状態に匹敵し，しかも値段はわずか 4 セントしか要らない。ほとんどお金をかけずに，止まること無く疾走している」。これは，現代情報社会のスピード感の特質を端的に表現している。

　同様な見解を示すのは，Google チーフ・エコノミストのヴァリアンである。下記の発言は，現代消費社会（デジタルエコノミー）の無料化の本質を見抜いたものである。

　「2000 年には 800 億枚の写真が生産され，それを消費者は 1 枚 50 セントで買っていた。これは GDP（国内総生産）に算入されていた。2015 年には約 1 兆 6,000 万枚の写真が生産されたが，仲間同士でデータ共有されただけなので，

GDP には算入されない。写真の生産量は上がり，費用は大幅に下がったので生産性は向上しているのだが，GDP には反映されていない」。

これに関して，経済学者のコイル教授（マンチェスター大学）は，GDP と人々の豊かさは別物であると指摘する。経済が情報サービス化するにつれて「重さ」のない成長が続いており，その間の付加価値の増加は全て形のないものに由来している。GDP は形と重さのある製品（限られた資源と労働力を有効利用するための生産物及び生産力）を測る指標であり，重さを失っていく経済をうまく測ることはできないと言う。要するに GDP と豊かさの隔たりが大きくなり，GDPでは豊かさを十分に捉えられなくなってきたと見なすのである。

こういった状況を踏まえ，フリードマンは新著のタイトルに『遅刻してくれて　ありがとう』(2018) と付けた。あらゆるものが猛烈な速さで進んでいる現代では，待ち合わせの相手が遅れている間の時間しか，ゆっくりと物事を考えることはできないというシニカルな意味合いが込められている。

現代ビジネスにおいても，スピード感は何よりも求められる。これは，シリコンバレー企業が最も得意とするところである。D2C（ダイレクト・トゥ・コンシューマー）は，その代表的なビジネス形態である。

D2C は，アメリカの消費者向けブランド業界において「テック×小売り」を実現し，モノだけでもコトだけでもない「コト付きのモノ（世界観・ライフスタイル）」を提供するスタートアップ企業が確立した。これによって「リテール・アポカリプス（小売りは終焉する）」とささやかれ始めている。

例えば，寝具マットレス最大手のマットレス・ファーム（1986 年創業，全米3,300 店舗）は，より快適な顧客経験を提供する D2C のキャスパー（2014 年創業，2019 年にユニコーン：評価額 1,000 億円を超えるベンチャーとなる）に代替されてしまい，2018 年に破産法の適用を申請した。

メガネ業界でも，オンラインブランドのワービー・パーカーが急速に売上げを伸ばし，2015 年『ファスト・カンパニー』誌での「最も革新的な企業ランキング」で Apple や Google を抑えて 1 位となった。

これらのスタートアップ企業も 2007 年以降にインターネット上で生まれて

おり，データ分析に基づき，より安価な「コト付きのモノ」を顧客（特にデジタルネイティブ：Z世代）に直販する。そこでは4P（プロダクト，プライス，プロモーション，プレイス）よりも4E（エクスペリエンス，エクスチェンジ，エヴァンゲリズム，エブリプレイス）が重視される。

　そうした企業はいずれも，経営コンサルタントのカップらが示す，次のような「5つの21世紀企業のルール」に従っている。

〈5つの21世紀企業のルール〉

① イノベーション：製品・サービスのイノベーションにとどまらず，あらゆる活動（生産・流通・セールスなど）でイノベーションを興す。

② 価値あるユーザー経験：機能性だけでなく，使い心地や利便性などがないとならない。

③ 各顧客への個別対応：カスタム化して，顧客が自分のものと思える製品を提供する。

④ ダイナミックな企業：すばやく変化できる軽いフットワークと柔軟性を持つ。

⑤ エンゲージメントとエンパワーメント：社員の能力を最大限に活かしながら，その活動を企業のビジョンと一体化させる。

　さらには，それらのルールに則っているシリコンバレー企業は，次のような8要素を基本とすることをカップらは指摘する。

〈シリコンバレー企業の8要素〉

① 適者生存：業界を一変（ディスラプト）させる新しい技術の商品化に向けて，他者（他社）よりエネルギーと知性を使って努力（ハッスル）すること。

② とっととやる（ゲット・シット・ダン）：時間管理と生産性を重視する。

③ すばやく動く（アジリティ）：学びのサイクルを増やして，そこから多くを学習し，商品の継続的改良（イテレーション）をなす。

④ 早く失敗して学ぶ（フェイル・ファースト）：早い段階で間違いを見つけること。

⑤ 完璧をめざすより，まず終わらせろ：欠点があっても「ミニマム・バイアブル・プロダクト（最も基本的なバージョンで機能を満たす商品）」をいち早く市場に出し，フィードバックを得て改善する。

⑥ 許可（パーミッション）を求めるな，謝罪（フォーギブネス）せよ：過去にないビジネスモデルは，既存ルールを気にせずに展開する。それが「リープ・フロッキング（効率が悪く割高なシステムを飛び越えて最先端技術を利用すること）」を可能にする。

⑦ データによる意思決定：直感や勘ではなく，主要指標などの可視化できるデータに基づいて判断する。

⑧ 宇宙に凹み（デント）を作ろう：大きな夢を持って，高い所をめざす。

　以上のような8要素は，シリコンバレー企業に限らず，いまや全ての企業にとって，競争優位を得るための必須条件となっている。

　そこで，本章では「2007年体制」を最大限に我が物にした4大プラットフォーマー（GAFA）に焦点を当て，AIを基盤とした経営イノベーションの方法（プラットフォーム構築）について考察する。

2. 「セカンド・マシン・エイジ」を牽引するGAFA

　現代ビジネスにおいて，最も企業価値が高い企業のうちの4社を総称する言い方にGAFAがある。これはGoogle, Apple, Facebook, Amazonの頭文字を取ったものであり，2018年頃から言われ始め，今では定着した言葉になった。ビッグテックやテックジャイアンツとも呼ばれ，その4社の成長は目覚しいものがある。

　Googleは2008年から2018年までの間に時価総額を1,130億ドルから7,589億ドルに伸ばし，世界の検索エンジンの93％を占める（2018年10月，スタットカウンター調べ）。

Apple も同期間で時価総額を 955 億ドルから 1 兆 599 億ドルに高め，日本での スマートフォンの 51％ を占める（2017 年出荷台数ベース，IDC ジャパン調べ）。

Facebook は 2012 年 5 月上場時から 2018 年までに 841 億ドルから 4,360 億ドルへと時価総額を上げて，世界の SNS の 67％ を占める（2018 年 10 月，スタットカウンター調べ）。

Amazon は 2008 年に 245 億ドルだった時価総額が 2018 年には 7,814 億ドルとなり，アメリカのネット通販の 44％ を占める（2017 年売上ベース，イーマーケッター調べ）。

2018 年 10 月末での GAFA の時価総額合計は 3 兆ドルに達した。時価総額が日本で最高のトヨタが同時期に 1,875 億ドル（2018 年 11 月 5 日時点，東証 1 部，1 ドル＝113 円で換算）であることや，2017 年のイギリスの名目 GDP が 2.6 兆ドルであることと比べると，その数字が驚異的であることが分かる。

時価総額について 2020 年 8 月に Apple はアメリカ企業で初めて 2 兆ドル（212 兆円）に達した。2 兆ドルに達するのは 2019 年 12 月にサウジアラムコ（サウジアラビアの国営石油会社）に次ぐ世界で 2 社目となる。Apple の 2 兆ドルは日本の上位 32 社の合計に匹敵した。

また GAFA にマイクロソフトを加えた GAFAM（ガーファム）の時価総額は 742 兆円となり，東証全上場企業の 638 兆円を大きく上回った。付記すると，この時のテスラは 37.1 兆円であり，日本の自動車メーカー 9 社の合計 35.4 兆円を超えていた。

ギャロウェイ教授（ニューヨーク大学スターン経営大学院）は，こうした GAFA を「人類を幸せに導く聖なる四騎士」であるとともに，ヨハネの「黙示録の四騎士（地上の 4 分の 1 を支配し，剣・飢饉・悪疫・獣によって，地上の人間を殺す権威を与えられた者）」でもあると表現した。要するに，良くも悪くも人々の暮らしをビッグデータに基づいて征服しているというわけである。

GAFA に共通する要素として，ギャロウェイ教授は次の 8 点を挙げる。

〈GAFA に共通する 8 要素〉

① 商品の差別化：検索エンジン，iPhone，整理されたフィード，1 クリック
　　注文。

② ビジョンへの投資：地球上の情報を整理する，シンク・ディファレント，
　　世界をつなぐ，世界最大の店。

③ 世界展開：国境を越えて世界中の人にアピールする製品を有する。

④ 好感度：かわいげのある存在。

⑤ 垂直統合：顧客経験全体をコントロールする。

⑥ AI：データへのアクセスとその活用。

⑦ キャリアの箔づけになる：トップクラスの人材が集まる。

⑧ 地の利：世界的な技術系・工学系の大学の近くに立地する。

　これらは，いずれも現代ビジネスで必須の特徴でもあるが，「黙示録の四騎士」と称されるように，GAFA には批判も絶えず付いて回る。大別すると，次の 4 点が挙がる。

　1 つ目は，倫理ないし信頼に関するものである。タックスヘイブンへの資金移動などのテクニックを駆使して，自国への納税を回避している。また Amazon の倉庫では，劣悪な労働環境が取り沙汰されている。そして，フェイクニュースの問題も軽視できない。最も重要なことは SNS での誹謗中傷の書き込みや差別的発言により，それを受けた者が自殺に追い込まれることである。これは決してあってはならないことである。

　2 つ目は，ユーザーを常に監視していることである。ジャーナリストのフォルーハーは「監視資本主義（サーベイランス・キャピタリズム）」という個人データの商業目的での利用が度を超えていると訴える。データが潤滑油となり，情報を商売道具にする企業の成長促進剤となっていると指摘する。

　監視資本主義を提唱した経済学者のズボフ名誉教授（ハーバード・ビジネス・スクール）は GAFA のアルゴリズム（問題解決に用いる手順・計算方式）は「新しい見えざる手」と表現する。

3つ目は，無料であることが実はマヤカシだという点である。ガブリエル教授（ボン大学哲学科）は，GAFAは便利なサービスを無料で提供していると見せかけておいて，実質はそうではないことを次のように例える。

　「フライドポテト屋がポテトを無料にしている。ただし，ポテトを受け取る前に畑からジャガイモを採って来てくれ。そうしたらそれを揚げて差し上げます」と。つまり，フライドポテト屋のためにタダ働きしているということを示している。平たく言えば「タダほど高いモノはない」のである。上記で述べたように，個人データ（ジャガイモ）を多く得たいがために，無料をデータ収集の誘引にし，そうして集めたビッグデータをビジネス（フライドポテト作り）に活かしているのである。

　社会学者のバウマン名誉教授（ワルシャワ大学）は，近代は固体的（タンジブルな価値を扱う機械的なもの）から，液状的（インタンジブルな価値も扱う刹那的なもの）への移行期だと捉えた。そうした液状的近代（リキッド・モダニティ）の文化では「耕すべき人々」は不在で，代わりに「誘うべき客」がいるだけだと表現したが，言い得て妙である。

　4点目は，その中毒性である。近年，人々は1年間のうち約4ヵ月はインターネットをして過ごしていると言われる。そうしたGAFAユーザーは「デジタル・プロレタリアート（無産階級）」であると，ガブリエル教授は指摘する。この状態は「行動嗜癖（ビヘイビオラル・アディクション：何らかの悪癖を常習的に行うこと）」に関する問題を引き起こす。

　また，好みのコンテンツばかりを閲覧するので，自分とは離れた考え方が，そのユーザーの目から離れていき，思想に偏りが生じてくる。これは「エコー・チェンバー（思想や嗜好がこだまのように響いて増幅すること）」と言われる。

　例えばスティーブ・ジョブズは，自分の子どもに自社（Apple）製品を使わせることはなかった。子どもが家で触ることのできるデジタルデバイスに制限をかけていたのである。それは，薬物売人の「自分がさばく商品でハイになるな」という鉄則を地で行くような姿勢だったと見なされている。

　この行動嗜好について，アガー（携帯デバイス史家）は「一度手に入れたら二

度と手放さなくなる新発明というのは，皆無に近いほど珍しい」として「衣服はそれに当たるが，旧石器時代の発明だ。その次はメガネだろうか。その次に携帯電話だ。ほぼ全世界の人に欲しいと思わせるものは，歴史を見ても数えるほどしかない」と語る。

　小林弘人（『ワイアード』日本版創刊者）は，こうした中毒性を「マイクロ遮断」と表現する。つまり，デジタルツールが日常生活（食事・会議・就寝間際など）での行為を超微細に分断しているというのである，

　これについて，フォルーハーは個人が強い意志を持って，1 日の中で，あるいは 1 週間の中で一定時間，デジタル・デトックス（解毒）をして，テクノロジーから切り離されたダウンタイムを持ち，行動嗜好に歯止めをかけなければならないと訴える。昨今，重視されている「マインドフルネス（いま・ここを大切にする生き方）」の実践を奨めるのである。

　オルター准教授（ニューヨーク大学）によれば，デジタルデバイスにおける行動嗜癖には次の 6 つの要素があるとされる。

〈デジタルデバイスにおける 6 つの行動嗜癖〉

① 少し手を伸ばせば届きそうな魅力的な目標があること：ウェアラブル端末での各種数値の測定など。

② 抵抗しづらく，予測もできないランダムな頻度で報われる感覚：正のフィードバック（「いいね！」ボタンなど）。

③ 段階的に進歩・向上していく感覚があること：進歩の実感（オークションなど）。

④ 徐々に難易度を増していくタスクがあること：難易度のエスカレート（アプリゲームなど）。

⑤ 解消したいが解消されていない緊張感があること：クリフハンガー（ネット動画の自動再生など）。

⑥ 強い社会的な結びつきがあること：社会的相互作用（他人と比較したい欲求，他人からどう見られているのか気になって仕方がない気持ちなど）。

こうした批判もあるGAFAだが，スマートフォン上で無限に広がるインターネット空間において，それぞれにエコシステム（プラットフォーム）を構築し，「ファースト・スケーラー・アドバンテージ（最初に規模を確立した者が得る利点）」を享受していることは，やはり特筆すべき点である。

ブリニョルフソン教授（マサチューセッツ工科大学）らは，プラットフォームを「様々な情報を集めたり，交換したりする場。モノ・サービス展開の土台となる環境」とし，それが成功するには，次の4点が必要となると見なす。

①早い時期に地位を確立する。②可能な限り，補完財（例えばiPhoneに対するアプリのように相互依存する関係にあるもの）の優位性を活かす。③オープン化して，幅広く多様な供給を募る。④参加者に一貫性のある心地良い経験を提供するために，供給サイドに対して一定の基準を示して，審査を行う。

そして，このプラットフォームにマシン（コンピュータ能力）とクラウド（不特定多数の人々）を加えた3つが，ビジネス世界を大きく変えるトレンドとなるとブリニョルフソン教授らは捉える。この3つを巧く組み合わせることができる組織が「セカンド・マシン・エイジ」で成功すると指摘する。

3. プラットフォーマーの基本行動，コア機能，種類

モサド（プラットフォーム・コンサルティング会社アプリコの創設者）らは，GAFAに代表されるプラットフォーマーが市場で大きな存在感を示す状態は「モダン・モノポリー」であると称する。

また，シュマレンジー名誉教授（マサチューセッツ工科大学）らは，プラットフォーマーは大きなフリクション（双方向に優位な交流や取引を妨げるような費用やその他の障害）を低減する「マッチメイカー」となると見なす。

そうしたモダン・モノポリーを形成するマッチメイカー（すなわちプラットフォーマー）のビジネスモデルは，相互に依存する複数のグループの間での価値交換を円滑にして，全てのグループが恩恵を得られるようにするというものである。

例えばGoogleの「アンドロイド」はサーチエンジンとして圧倒的な存在で

ある。Apple は iOS や iTunes，App Store を通じて，デジタル製品の売り手と買い手の間を取り持つ。Facebook は人間関係の地図をネット上に描いている。Amazon はショッピングという日常的な行為をネット上に移しこんだ。

　GAFA 以外にも Uber は乗客とドライバーをつなぎ，Airbnb は旅行者と住宅所有者を結び付ける。

　モサドらは，そのいずれにも次のようなプラットフォーム特有の 4 つの基本行動と 4 つのコア機能があると指摘する。

〈プラットフォームの 4 つの基本行動〉
　① 創造する：プロデューサーが価値を創造して，プラットフォーム上に提供する。
　② 結び付ける：どんな取引でも 1 人のユーザーが相手方とコネクトすることで交換のきっかけが生まれる。
　③ 消費する：消費者は自分の要望にマッチしたものを見つけると，プロデューサーが作った価値を消費できる。
　④ 対価を支払う：消費者は自分が消費したものと引き換えに，プロデューサーに価値をもたらす。

〈プラットフォームの 4 つのコア機能〉
　① オーディエンス構築：消費者とプロデューサーをクリティカル以上獲得して，流動的なマーケットプレイスを構築する。
　② マッチメイキング：正しい消費者を正しいプロデューサーと結び付けて，取引と交流を円滑化する。
　③ 中核的ツールとサービスの提供：取引費用を下げ，参入障壁を取り除き，データによって長期的にプラットフォームの価値を高めて，コア取引を支援するツールとサービスを構築する。
　④ ルールと基準の設定：どのような行動が許され，奨励されるか。また，どのような行動が禁止され，思いとどまるように促されるかを定めたガイ

ドラインを作成する。

このようなプラットフォームの種類は，大別して交換型とメーカー型がある。

〈交換型プラットフォーム〉
① サービス・マーケット・プレイス：サービスの交換（Uber, Airbnb など）。
② プロダクト・マーケット・プレイス：物理的商品の交換（Amazon など）。
③ 決済プラットフォーム：金銭による支払い（PayPal など）。
④ ソーシャル・ネットワーキング・プラットフォーム：友だち申請（ダブルオプトイン式）による交流（Facebook, Twitter など）。
⑤ コミュニケーション・プラットフォーム：1 対 1 の直接交流（Skype など）。

〈メーカー型プラットフォーム〉
① コンテンツ・プラットフォーム：1 つのコンテンツ（iTunes, YouTube, Instagram など）。
② 開発プラットフォーム：ソフトウェアプログラム（Salesforce などの閉鎖型，iOS などの管理型，「アンドロイド」などのオープン型）。

このように種類は多岐にわたるが，ひとえにプラットフォームは，コネクションを円滑にすることに専念して「ユニット・エコノミクス（顧客獲得コストと売上高のバランス）」を追求し，生産の限界費用をなくす。この場合の生産は，ネットワークからもたらされる。

そのネットワークは，コネクション（コミュニティ内で起こる相互作用の理論値）に始まる。そして，コミュニケーション（プラットフォーム上のユーザー間で実際に相互作用が起こる）→キュレーション（プラットフォーム上の情報をまとめて整理する）→コラボレーション（参加者はお互いに付加価値を与えるために協力する）→コミュニティ（エコシステムにおける行動を統治する規範をつくり，執

行する）という 5 段階のネットワーク効果のはしごを上がる。

　こうしたプラットフォーム構築に乗り遅れたことで，市場での存在感を薄めた企業も存在する。例えば，ブラックベリー（当時 RIM：リサーチ・イン・モーション）は iPhone やアンドロイド端末のようにタッチスクリーン操作ではなく，QWERTY キーボードにこだわり，閉鎖的な独自の OS としたことで，対応アプリ開発がしにくくなってしまった。このことでスマートフォン市場でのシェアを大きく落とすことになった。

　また，ノキアの「シンビアン」も同じように，対応アプリを開発しにくい OS だった。ユーザーにとっても，接続するたびに許諾を求められることや，アプリを読み込んで起動するために「はい」を 9 回もクリックしないとならないことなど，使い勝手の悪いものであった。

　そこでノキアは 2013 年，携帯電話事業をマイクロソフトに売却することで，スマートフォン競争から離脱する代わりに「プログラマブル・ワールド」という新たなビジョンを掲げて，モバイル・ブロードバンドで世界中のモノや人をつなげる 5G 時代のキープレイヤーとなるべく転身を遂げた。

　こうした失敗例や転身例もあるが，総じてプラットフォーマーは当事者間の取引を促す「マルチサイド・プラットフォーム」を築き，そこから価値を得ている。

　マルチサイド・プラットフォームは「不安」をなくし，「欲」を求めようとすることで構築される。「不安」とは，既存や新規の競合相手に製品・サービスの市場シェアを奪われるかもしれない危険性である。「欲」とは，新しい収益源を見出したいという起業家的野心である。

　2017 年にハーバード・ビジネス・レビュー（以下 HBR と称す）に掲載された論文 "Finding the Platform in Your Product" では，マルチサイド・プラットフォームになるためには，次のいずれかが必須であると見なす。これらは，現代ビジネスにおける成功要因としても掲げることができる。

　① 他社に門戸を開き，他社が自社の顧客に接続できるようにする（コンビニでの公共料金支払い，宅配便の取扱い，ネット注文品の受取りなど）。② 顧客をつ

なぐ（マッチメイキングサービスなど）。③ 製品をつないで顧客をつなぐ（オンラインゲームなど）。④ プラットフォーマーに製品・サービスを供給する（「インテル・インサイド」など）。

4. 7つの過ちを越えて「信頼の飛躍」を得る

　芸能界で「一発屋」という言い方がある。歌やギャグなど何らかの形で売れたが，その後が続かず，急に落ち目になることである。この短命さは，現代ビジネスにも見受けられる現象である。

　2016年に登場した「ポケモン GO（ナイアンティックとポケモンの共同開発によるスマートフォン向け位置情報ゲームアプリ）」は，アメリカで先行配信された時，最初の1週間で750万人がダウンロードした。翌週には2,850万もの人々が熱中した。モバイルゲームの中で最初の1ヵ月での売上げ及びダウンロード回数は，ギネス世界記録にもなった。だが1ヵ月後には，そのうちの1,500万人がプレイをしなくなった。

　日本においても，リリースから1年後には，定期的にプレイしているアクティブユーザーは約442万人と，配信当初の4割程度にまで減少していた（ヴァリューズ調べ）。あるいは「ゴープロ（探検での撮影向けヘルメットなどウェアラブルカメラ・カムコーダ）」は，スポーツカメラ業界において急速な支持を受けたが，数年でスマートフォン搭載の高性能カメラに取って代わられた。

　現代消費社会における「熱しやすく，冷めやすい」デジタルネイティブ世代（液状消費者，気まぐれ消費とも言われる）に対しては，彼らが飽きる前に，次のコンテンツを目の前に矢継ぎ早に差し出す必要がある。Apple の新製品のクイック・リリースが好例である。

　とはいえ，これは容易なことではない。クックパッド（料理レシピサービス）の2019年度の平均月間利用者数は3年前と比べて1,000万人も減った。2019年12月期第2四半期業績の営業利益は前年同期比71.2%ものマイナスを記録した。その主な理由には，登録レシピ数が多くなりすぎて，欲しい情報にすぐにたどり着けないこと（内的要因）や，競合する料理動画サービスの登場（外的

要因）がある。

　1978 年に「大組織の経営行動と意思決定に関する研究」でノーベル経済学賞を受賞したサイモン（元カーネギー・メロン大学教授）は「情報の豊かさは注意の貧困を作る」と唱えたが，まさにその通りに，現代は情報過多の中で人間が振り回され，集中力を欠くことになっている。

　そうした情報の受け手側の問題に加えて，情報発信側となる企業にも，HBR 掲載論文 "Finding Your Company's Second Act"（Downes and Nunes, 2018）が示すように「生活習慣病」と呼べる次のような 7 つの過ちがある。

〈企業の 7 つの「生活習慣病」的な過ち〉
　① 経営がリーンすぎる：グルーポンはソーシャルショッピングに全てのリソースを投入してしまい，市場の飽和に応じた次の展開をできなかった。
　② 必然的に失敗を招く資本構成である：スタートアップ企業は，昼食のケータリング，寛容な休暇制度，テナント料の高いオフィスなど，過剰な運営コストをかけるが，市場が急変した場合には脅威になる。
　③ トップが不在である：スタートアップ企業の創業者は，事業が軌道に乗ると，その後の経営管理や事業展開を行うよりも，また何か違う新たな事業を始めたい意欲のほうが強い場合があり，早々に創業者がいなくなる企業も多い。残された経営陣は，既存商品の改善を考えるが，新規参入組との競争に苦戦を強いられてしまう。
　④ 資本家に過度に迎合する：保守的な投資家が，創造的破壊をもたらす事業を行うことよりも，早めの利益を求めるので，そうした要求に応じるうちに，市場に生まれている事業機会を逃してしまう。
　⑤ 宝くじにあたった：当初の人気を頼みに前進しようとして大失敗した時，初期の成功は単なる「まぐれあたり」だということが明らかになる。
　⑥ 規制当局に囚われている：Airbnb はホテル業界，ドローンは航空業界，遺伝子検査は医療業界，ビットコインは金融サービス業界において，既存企業に適用される従来の規制に対峙することになる。

⑦ 存在しない顧客を当てにする：アップル・ウォッチの伸び悩みが示すように，将来の売上げの見通しや後続商品への市場の関心度についてのシグナルはつかみにくい。

　こうした過ちをしない企業は，成功している商品が失速する前に手を引いている。Netflix は DVD の郵送サービスを行いつつ，デジタル化への潮目をつかんで，インターネットベースの映画配信サービスを開始した。現在ではオリジナルコンテンツも制作し，独自のプラットフォームを構築する。その勢いは GAFA に匹敵するので，Netflix を加えて FAANG（ファング）とも呼ばれる。
　また Google が YouTube を，Facebook が Instagram や What's Up を破格の金額で買収したが，それはプラットフォームを強化し，その後の事業展開の守備固めをなすためには十分に釣り合いの取れる投資であると見なされる。
　そして Uber や Airbnb は，シェアリング・エコノミーという時流に乗り，自社では物的資産を保有せず，売り手と買い手を結び付けることで，取引コストを圧倒的に低いものにする。
　ストルバッカ教授（オークランド大学）らは，このうちの Uber を「市場を形成するための戦略（SMASH：ストラテジー・フォー・マーケット・シェイピング）」をなした企業の成功例として掲げる。それは，ローゼンブラット（テクノロジー・エスノグラファー）が指摘するように，自社を輸送会社ではなく，テクノロジー会社と捉えて，全く新しい雇用モデルを打ち立てたからである。
　その雇用モデルとは，ドライバーを自社の労働者ではなく，マッチング（中立的なアルゴリズムでドライバーとユーザーの結び付きを促す）テクノロジーの消費者とするものである。言い換えると，生産者（プロデューサー）と利用者（ユーザー）の境界線が曖昧である「プロユーザー」を生み出したのである。
　例えばロンドンではブラックキャブという有名なタクシーがあるが，Uber のほうが手軽に利用でき，しかも早くて安く済む（通常の 2，3 割安い）ので代替が進んだ。注目すべき点は，その運転手の人口統計上の違いである。ブラックキャブ運転手の総計 2 万 4,618 人のうち，約 67.2％が白人イギリス人だが，

ミニキャブと Uber の運転手は総計 11 万 7,857 人のうち，白人イギリス人は 7,097 人（約 6％）である（2017 年時点，ロンドン交通局統計）。要するに，厳しい試験にパスした者しかなれないプロ・ドライバーの世界に，プロユーザーという新たな雇用モデルを打ち出し，移民の仕事を創出したのである。

　『シェア〈共有〉からビジネスを生みだす新戦略』（2010，新書版 2016）を著したボッツマン（ソーシャル・イノベーター）は，次作『TRUST　世界最先端の企業はいかに〈信頼〉を攻略したか』（2018）で，こうした Uber や Airbnb に「信頼の飛躍（リスクを取って何か新しいことをしたり，根本的に異なる方法で何かをしたりするときに起きるもの）」を見る。

　ネットワークにおいてユーザーが，既知と未知の間にある溝を飛び越える際に頼りにするのが「分散された信頼」である。それはレビュー・システムに代表される個人間で横に流れる信頼である。ネットショッピングでは，かなりの者が購入時に，既に購入した他者によって書き込まれた評価を判断材料にする。

　この分散された信頼への転換は，それまでの特定の人物や親しい者に対する「ローカルな信頼（自分が身を置く地域における信頼）」や，役所・銀行・学校といった「制度への信頼（下から上に向けての信頼）」からの歴史的な進化である。これをボッツマンは「信頼（未知のものとの確たる関係）の革命」とする。

　また，大前研一（経営コンサルタント）は，Uber と Airbnb が最初からスマートフォン・ベースのシステムを展開しており，生まれながらの「本籍＝地球」であり，全ての機能・業務を世界の最適解で追求していることを特記し，それは 21 世紀の世界最先端企業の常識であると見なす。

　ストーン（ブルームバーグニュース・シニアエグゼクティブエディター）は，そうした両社を「アップスタート（最近成功した人物・事業）」と捉える。いずれも，古くからあるアイデア（クルマに同乗する，家を貸す）に少しのひねりを加えた結果，それまで接点のなかった者同士をつなぎ，オープンな世界を生み出したと評する。

　パーカー教授（ダートマス・カレッジ）は，このつながりについて，利用者が

運転手を引きつけ，かつ運転手が利用者を引きつける。あるいは家や部屋を提供するホストが宿泊客を呼び，宿泊者がホストを呼ぶという「ツーサイド・ネットワーク効果」をもたらすものと指摘する。

5. 日本企業へのインプリケーション

　以上のように GAFA や Uber，Airbnb の経営イノベーションに，比較的保守的な日本企業は見倣うべき点が多くある。

　2017 年，日本情報システム・ユーザー協会 (JUAS) と野村総合研究所 (NRI) による「デジタルビジネスに関する共同調査」では 47％の日本企業が「デジタル化の進展は既存ビジネスの優位性や永続性に影響をすでに与えている」もしくは「与える可能性がある」と答えた。

　この回答は 2016 年度の調査と比べて倍増した結果であった。それでいながら「経営・事業部門はデジタル化の進展が与える影響を理解し，全社でその影響度を共有しているか？」という問いに「大いに理解・共有している」と答えた企業は 17％にとどまり，2016 年度の比率と同じ程度だった。つまり，デジタル化に向かうことは分かっているが，行動できていないということである。

　2018 年末，三菱ケミカルホールディングスの小林喜光取締役会長（当時経済同友会代表幹事）は，平成の日本経済を表す言葉に「敗北」を挙げ，その理由を「GAFA のようにデータをベースにする 21 世紀的な社会経済システムに対する準備がほとんどできていなかった。明らかに敗北だった。だからこそ今後は，復活をめざして日本経営者は，もっと頑張らなければならない」と語った。

　パナソニックで 2000 年から 12 年間にわたり，社長・会長を務めた中村邦夫は「IT 化という爆弾みたいな時流（テレビからパソコン，さらにスマートフォンへの大きな産業の入れ替え）に乗れなかった。それは AV（オーディオ・ビジュアル）事業を持っていたから。そして，液晶テレビからプラズマテレビに走ってしまったから。そこに失敗の原因があった。いま，社長に求められるのは，スピーディな独裁者になる（自分の判断ですばやく決める）ことだ」と述懐する。

　そうした中，ヤフー（Z ホールディングス）と LINE の経営統合は GAFA に

対抗しうる積極的な動きである。この統合で，国内トップのインターネットサービスとなり，日本・アジアから世界をリードする AI テックカンパニーになることがめざされる。

　ファーストリテイリングの柳井正会長兼社長は，第 21 回日経フォーラム「世界経営者会議」（2019 年 10 月 28 日）にて「GAFA は脅威ではなく，彼らのインフラを利用すればよい」というポジティブな見解を示した。

　以上のようなビジネスリーダーの示唆に基づき，これからの日本企業はデジタルの力を活用したビジネスの成功の方程式が未だ定まっていない現在を，次世代企業に転身するための準備期間（フューチャー・レディ）と捉え，業務効率と顧客経験の向上を同時に成し遂げることを志さなければならない。

　この問題を解く鍵は，どのように技術を用いるのかではなく，どのように変革を達成していくかという企業のビジョンが描けているかどうかが握っている。

　そのビジョン形成への 1 つの具体策を示すのが JIN（Japan Innovation Network）の西口尚宏専務理事らが提示する「2 階建てイノベーション経営」である。彼らはイノベーションを阻む課題として，次の 5 つを挙げる。

　① これまでの成功モデルから脱却できていない。② 既存事業の短期的な業績に注力しすぎている。③ 顧客の本質的なニーズを捉えきれていない。④ 現場のアイデアがことごとく弾かれている。⑤ 内部リソースにこだわりすぎている。

　こうした課題を克服するための方法として提唱するのが，2 階建てイノベーション経営である。それは 1 階で事業展開（現業で求められる効率的な活動：事業の効率化，収益源の確立，リソースの活用など）を行い，2 階では事業創造（未来に向けた創造的な活動：顧客開発，ビジネスモデル開発，リソースの組み替えなど）を行うという，矛盾した活動を両立させる経営手法である。

　軌道上の活動の推進（効率性の追求）と，新たな軌道の創造（創造性の追求）では，必要となる組織要件や行動が異なるため，場所（階）を分けて行うことが求められる。運転席のある 1 階では，事業化を推進する直線的な活動を行いな

がら，高い視座から周囲を見渡せる2階では，新しい構想の構築と検証が同時になされることが，イノベーションには不可欠というわけである。これはイメージの湧きやすい提案である。

6.「ムーンショット」精神

アメリカでのテレビの観賞時間のピークは2009年であり，それまでの50年間は毎年，増加傾向だった（ニールセン調べ）。その一方で，デジタル動画の消費量は年間25％ずつ増えており，2010年からはテレビ鑑賞からネット配信へのシフトが進んだ。その媒体の1つがGAFA同様に「2007年体制」を追い風として生まれたプラットフォームのYouTubeである。

YouTube副社長（Chief Business Officer）を務めたキンセルはYouTubeで成功を収めた先駆者を「ストリーム・パンク」と呼ぶ。

そうした成功者たちが登場できたのは，YouTubeが次の3つの要素を併せ持っていたからである。① 動画を無料で配信する。② クリエイターに報酬を支払うという，定期収入を得る機会を与える。③ 高性能カメラを低コストで用いることができる。

キンセルは，そうしたYouTubeの本領は，その世界を見せられるところにあるとする。世界とは，毎日の生活の中で，窓からは見えない人間性の幅広さのことである。何かを堂々と好きになってもいいこと。知的研究は賞賛に値すること。病気を自分の特徴と思う必要はないこと。若くして死んでも充実した人生を送り，その影響が遠くにまで及ぶことを理解する助けになると言う。

ここに見るのはGAFAやUber，Airbnbの創業者にも通じる，キンセルの壮大なビジョンである。そうしたビジョンは「ムーンショット」というフレーズが最も見合う。当初は「月に向かって鉄砲を放つことは無駄であり，危険でもある」という意味合いであった。

しかし1969年にアポロ11号が月面着陸した後には「どんなに遠大な計画に思えても，目標に向かって努力すればいつか実現する」という意味に変わった。とにかくトライしなければ，何の発見も得られないというわけである。

　ムーンショットは，日本企業が GAFA のようなプラットフォーマーに一大変異を遂げるために，まずもって必要となる精神である。

〈本章を身近に感じるためのエクササイズ〉
　1. D2C ビジネスには，本章で取り上げられた事例以外に，どのようなものがあるか調べてみよう。
　2. GAFA に関する最近のトピックスにはどのようなものがあるか，各社について調べてみよう。
　3. 企業の7つの「生活習慣病」的な過ちについて，それぞれどのような事例があるか考えてみよう。
　4. 日本企業でプラットフォーマーと見なすことができるところを幾つか取り上げ，種類別に（5つの交換型，2つのメーカー型のどれに当てはまるか）分けてみよう。

第2章　未来志向のイノベーターによるビジネス革新

〈本章を理解するためのキーワード〉

リープ，サイバースペース，フューチャリズム，アンバサダー

1. 経営の中心的活動としてのイノベーション

　エンジェル投資家であり，京都大学では実践的な起業論を指導していた瀧本哲史は，儲かる仕事として次の6つを挙げる。

〈6つの儲かる仕事〉

① トレーダー：商品を遠くに運んで売ることができる人

② エキスパート：自分の専門性を高めて，高いスキルによって仕事をする人

③ マーケター：商品に付加価値を付けて，市場に合わせて売ることができる人

④ イノベーター：全く新しい仕組みをイノベーションできる人

⑤ リーダー：自分が起業家となり，みんなを管理してリーダーとして行動する人

⑥ インベスター：投資家として市場に参加している人

　これらのうち，今後において生き残りが難しいのは，トレーダー（営業力）とエキスパート（専門性）とされた。なぜなら，モノの流れや広告を代理する必要が少なくなってきているから。そして，産業構造の変化のスピードが増してきているからである。

　その半面，他の4つは生き残ると見なされた。マーケターは，顧客が共感できるストーリーを作り，差異を生み出せる。リーダーは，めったにいない「名馬」を見分けるよりも，圧倒的多数の「駄馬」をその素質（馬力がある，俊足で

ある，スタミナがあるなど）に応じて使い分けられる。インベスターは，ハイリスク・ハイリターンの投資機会を多く持ち，長期的にプラスを生み出せる。

　そして，本章で注視するイノベーターは，現在凋落している業界に眠る機会を見出せる。例えばアイリスオーヤマは，日本家電業界が落ち込んでいる時に「なるほど家電（シンプルな機能・リーズナブルな価格・グッドな品質に，人々がより気持ち良く快適に過ごすための「なるほど」をプラスしたモノ）」をコンセプトとして家電市場に参入し，2010年代の年商を右肩上がりに伸ばした。

　紺野登教授（多摩大学大学院）が「20世紀のイノベーションは，たまに起きる技術革新といった捉え方だったが，21世紀のイノベーションは経営の中心的な活動となっている」と見なすことは，現代ビジネス論では前提となる。

　現代ビジネスにおけるイノベーションは，① モノ（オファリング）に関するもの，② 構造（コンフィグレーション）に関するもの，③ 経験（エクスペリエンス）に関するものの3つに大別できる。

〈現代ビジネスにおけるイノベーション〉
　① モノに関するもの
　　(1) 製品性能：優れた機能をどのように利用するか
　　(2) 製品システム：補完的な製品サービスをどのように生み出すか
　② 構造に関するもの
　　(1) 収益モデル：利益をどのように得るか
　　(2) ネットワーク：誰とどのように協力するか
　　(3) 組織構成：人材や資産をどのように構成するか
　　(4) プロセス：独自の手法をどのように使用するか
　③ 経験に関するもの
　　(1) サービス：モノの価値をどのように引き出すか
　　(2) チャネル：モノをどのように顧客に届けるか
　　(3) ブランド：モノとビジネスをどのように社会に向けて表現するか
　　(4) 顧客エンゲージメント：顧客にどのように愛着心を持ってもらうか

「近代マーケティングの父」とされるコトラー教授（ノースウェスタン大学）らが「パラダイム・チェンジが生じているデジタル時代には，イノベーション部門の長は社長が担当すべきだろう」と示すほど，現代ビジネスでは上述のようなイノベーションが必要不可欠なものとなっている。

　ウォルト・ディズニー社の CEO を長年務めたロバート・アイガーも「イノベーションか，さもなくば死か。今ほどこの言葉がぴったりくる時代はない。新しいものを恐れていると，イノベーションは起こせない」と自叙伝の中で述懐する。

　最大のビジネス思想家であるドラッカーは，イノベーションの 7 つの要因として，① 不調和，② 認識の変化，③ 産業と市場の変化，④ 従来のやり方の弱点，⑤ 人口動態の変化，⑥ 思わぬ失敗，⑦ 新しい知識を挙げていた。

　これは現代ビジネスでも，① 既存のタクシーやホテル業界に対する Uber やAirbnb，② 携帯電話（フリップフォン：ガラケー）からスマートフォンへの移行，③ 自動車産業の構造変化に伴う電気自動車市場への参入，④ マイバッグ持参，⑤ 個食への対応，⑥ 3M の「ポスト・イット®」，⑦ 交通系 IC カードなどが該当する。

　中でも⑥ 思わぬ失敗は，現代ビジネス論でも力点の置かれるイノベーション・ファクターである。例えば 3M 初期の社員リチャード・ドルーが，自動車修理工場向けの車両塗装用テープを開発したが，上手くいかなかった。その時3M のオフィスで，サンドペーパーの裏紙として使われている紙を見かけた際に，この紙を用いれば柔軟性のあるテープが作れるのではないかとひらめいたことが，マスキングテープ（ポスト・イット®）の誕生につながった。要するに，製品開発における「用途の発見」である。

　また，坂井直樹（コンセプター）は，② 認識の変化をいち早く見据えたアプローチをしていた。1987 年には日産「Be-1」の開発に携わり，丸いデザインの自動車（レトロフューチャー）ブームを創り出した。翌 1988 年に発表したオリンパス「O・プロダクト」は，当時主流の黒いプラスチック製のカメラではなく，アルミを用いたデザインのカメラであり，後に MoMA のパーマネント

コレクションとなった。

　そうした坂井直樹は，自身がイノベーションをデザインするときに大切にしてきたのは，一次情報を持つことだと明かす。曰く「変化が起きているところに出向いて，自分の目で直接見て，人に会って，情報を仕入れると，いろいろなインサイトが見えてくる」と。

　瀧本哲史の見解に戻ると，イノベーションは他の異なる考え方を組み合わせることで生まれるので，イノベーションを興すための隠れた武器庫は，自分の知らない思考様式・学問体系・先端的な知識にならざるを得ないとした。

　この双方の指摘を組み合わせると，貪欲に自らの手・足を使って未知なる一次情報にアクセスしていくということが，イノベーションの「仕込み」的段階にあたることが分かる。

2. フォール（凋落）か，リープ（跳躍）か

　『イノベーションのジレンマ　技術革新が巨大企業を滅ぼすとき』(2001) の著作で知られるクリステンセン（元ハーバード・ビジネススクール教授）らは，これまでのアメリカの産業は「無消費者（既存品はあるのに消費できていない人たち）」の中に市場を創造する機会を見て，そこに対応することで最大の成長を遂げてきたと見なす。

　「無消費」とは「潜在的な消費者が生活の中のある部分を進歩させたいと切望しながら，それに応えるプロダクトを買うだけの余裕がない。あるいは存在を知らなかったり，入手する方法がなかったりする状況」「潜在的な消費者は，そのプロダクトなしで我慢するか，間に合わせの代替策を編み出すことになり，生活はたいして進歩せず，不便は続く」というものである。

　そうした無消費に対して，例えばアイザック・メリット・シンガーは，完成度の高いミシンを発明することで，家庭での裁縫を簡単なものにし，さらには衣料品業界の規模を倍増させた（I・M・シンガー社）。

　同じように，ジョージ・イーストマンは「写真を撮る」という行為をより手軽に，そして身近なものにするためにカメラを改良するとともに，写真の現像

とカメラへの空フィルムの補充サービスを用意することで写真市場を開拓し，広告産業や映画産業の創出にも大きく寄与した（イーストマン・コダック社）。

　また，ヘンリー・フォードは自動車を大量生産することで，自動車の大衆化を実現し，さらには道路建設などのインフラや労働条件なども整えた（フォード・モーター社）。

　これらは，2008年にノーベル経済学賞を受賞したクルーグマン教授（ニューヨーク市立大学）が言う2つの経済の原則に沿ったものでもある。1つは，道端にお金を置いておくと，すぐに誰かが拾うということ。つまり絶好の機会があったら，皆それを利用するということである。もう1つは，モノを売ることは同時にモノを買うことであるので，その相互作用を考える必要があるということである。

　ただし，そうした無消費者に対応した先発企業も，ほどなく後発企業との競争にさらされることになる。コダックは富士フイルムの追随にあい，さらにはデジタルカメラへの市場シフトに巧く応じきれなかった。フォードもGMによる自動車の多種多様なモデルの提供という差別化戦略の前に市場占有率を落としていった。

　これは，自社のコア・コンピタンス（中核となる能力）が，コア・リジディティ（中核となる硬直性）に変わったことを意味する。レッドクイーン理論が示すように，競争による切磋琢磨が必ずしも共進化につながるのではなく，そのことがリスクとなり，やがては足かせとなることを支持する結果を得てしまったのである。

　レッドクイーン理論は，組織論者のバーネット教授（スタンフォード大学経営大学院）らが1996年に提唱した「企業の共進化メカニズム」を解くものである。レッドクイーンとは，ルイス・キャロルの『鏡の国のアリス』に登場する「赤の女王」のことである。

　アリスが鏡の国でのチェスゲームに参加する際に，赤の女王が「思い切り走っても同じ場所に留まることしかできない。もし他の場所に行きたいのなら，その2倍は速く走らなくてはならない」と言ったことから「生存競争によ

る共進化（ライオンが獲物を捕まえるために足が速くなると同時に，獲物もまたライオンに捕まらないように足が速くなるという循環した相互関係）」の例えとして用いられている。

　こうしたレッドクイーン理論に嵌り込み，それまでのコア・コンピタンスがコア・リジディティとなると，企業はフォール（凋落）してしまう。フォールしないためには，自社の基盤となっている知識には賞味期限があることを把握し，新しい知識を見つけ，その知識を最大限に活用できる方向性にリープ（跳躍）しなければならない。

　そうした方向転換は時として，それまでの自社製品と競合し合うことになる（共喰い：セルフ・カニバリゼーション）。その際には，ビジネスリーダーが重要な分岐点で介入し，立ちはだかる障壁（社内での反対意見ならびに社外の市場環境という両面での障壁要因）を乗り越えることが求められる。これをユー教授（IMD：国際経営開発研究所）はCEOの「ディープダイブ」と呼ぶ。

3.　サイバースペースという仮想空間へのリープ

　以上のようにリープできる企業は，地殻変動級の変化を味方につけることができる。

　1970年代，アメリカ西海岸で勃興したヒッピーカルチャーは「カリフォルニアン・イデオロギー」と呼ばれる。その代表者がスティーブ・ジョブズである。その考え方は「政治運動などでは世界を変えることはできない。そうであるならば，自身の意識のほうを変えていこう」というものであった。

　そうしたムーブメントの中の1つがサイバースペースだった。現実世界に行き詰まりを感じた者たちは「虚構（ここではない，どこか）」に，つまりは仮想空間にフロンティアを求めた。要するに，政治的なアプローチではなく，経済的なアプローチでのイノベーションで実際に世界を変える新しい方法を採ったのである。

　こう捉えるのは宇野常寛（評論家）である。この時代の人たちは世界を変えることを一度は諦めているため，虚構を経由して物事を考える癖がついている

と言う。つまり「想像力の中にしか存在できないもの」が人間にとって価値のあることを分かっているというのである。

　GAFA に代表されるテック系企業は，こうした想像力を駆使してサイバースペースを見つけ出し，そこを拡張することで現実世界までをも変えていった。

　国際マーケティング論者のチンコタ教授（ジョージタウン大学）は，そうした企業の中でも Twitter や Netflix のようなユニコーン企業は，それぞれの「ウィナー・テイクス・オール」の市場アプローチで，既存の制度とのつじつまを合わせながら創成してきたと見なす。

　また，PayPal や LinkedIn の創業に携わったリード・ホフマンは，そうした企業は「ブリッツスケーリング（効率よりスピードを重視し，総力をあげて成長に集中する電撃戦。ブリッツはドイツ語で雷であり，全力を傾ける突然の努力を指す）」によって，スタートアップからスケールアップを果たしたと捉える。

　ブリッツスケーリングは，攻め（奇襲）と守り（ライバルが付いて来られないスピードで前進）の双方の要素があり，ファーストムーバー・アドバンテージをとることができ，ハイリスク・ハイリターンであることを基本とする。

　このように，新たなデジタルの現実に最もよく適応する企業について，『WIRED UK』創刊編集長を務めたローワン（テクノロジーコラムニスト）は次のような共通点を見出す。

〈新たなデジタルの現実に最もよく適応する企業の共通点〉
　① 自ら判断して動く少人数チームを社内に組織し，顧客ニーズを発見し，対応する権限を与えている。
　② 世界レベルの才能を採用し，動機づけ，つなぎとめる能力こそ最大の資産であると理解している。
　③ 好奇心を保ち，外の世界を観察し，問いを持って学び，自己満足に陥らないように自戒している。
　④ 仮定に基づいて検証し，フィードバックを吸収し，あらゆるステップで

繰り返すことを厭わない。

⑤ 会社のゴールより，顧客のゴールを優先する。

⑥ 新市場の動向を理解し，今のビジネスモデルや製品の先にあるものを発見しようとしている。

⑦ 階層組織や官僚的思考からの脱却をめざし，意思決定を速め，リスクを取ることを忘れない。

⑧ 大胆な行動に出て失敗しても，意味のある学びがあれば，それを次に活かすことで良しとする。

⑨ 短期的な結果を求める圧力からチームを守る構造になっている。

⑩ イノベーションを特定の個人やチームの責任と見なさない。

⑪ 分野の壁を乗り越える協働と，異なる文化を融合するハイブリッド思考ができる。

⑫ 社員が会社の目的に共感し，価値観を共有している。

⑬ 社内で起業家精神を発揮することを奨励し，それに報いる仕組みがある。

　以上のような企業の中でも Uber を高く評価するのは，テクノロジートレンドに精通したオライリーである。その慧眼には定評があり，次世代経済のビジネスモデルとして，① ネットワーク化された市場プラットフォーム，② 所有をアクセスに変える，③ オンデマンドのサービス，④ オンデマンドの技能やリソース，⑤ アルゴリズムによる管理，⑥ 補助拡張された労働者，⑦ 魔法のようなユーザー体験の7つを挙げる。

　これらは，インターネットが単にメディアコンテンツへのアクセスを提供するのではなく，現実世界のサービスをもたらしていることを示唆するものである。

　そこにおいて，宇野常寛が注目するのは「虚構」の持つ2つの役割である。1つは，現実には実現できないものを虚構の世界で実現すること。もう1つは，いつかは存在，実現できるかもしれない可能性を探り出すことである。虚構をいずれ現実にするという「フューチャリズム（未来志向）」が大事であるとみる。

これは，ビジネス革新において極めて重要な志向性である。

4. 未来志向のイノベーター

　いつの時代も孤独な人が社会を変える中心的な役割を担ってきたと見なすのは，脳科学者の茂木健一郎である。曰く，常に視点を高く保ち，社会とのつながりを意識しているので，解決策を見つけることも巧みであり，火中の栗を拾うことで，様々な妨害を乗り越えて，上手く結果を出せる，と。

　サイバーエージェントの藤田晋代表も「たった 1 人の孤独な熱狂」が原動力となると述懐する。ここでいう熱狂とは，それを成し遂げるためであれば，様々な困難や孤独，憂鬱，怒りを乗り越える力を内包したものである。世界で自分だけが，その事業が成功した姿を信じ続けること。そうした熱狂がなければ，自社が手がけた「アメーバ」も，ここまでのものにはならなかったと言う。

　熱狂に関しては「原点回帰の出版社」を掲げるミシマ社の三島邦弘代表が自身を「クレイジー・フォー・パブリッシング，アディクテッド・トゥ・パブリッシング」と断言し，「何のためにその仕事をするか」という職業の原点としての「マグマ」を主張する。「良い仕事をするには技術が要る。そして技術とは，ねばりに他ならない。技術がねばりを生み，ねばりが技術を支える」と語る。

　これらの見解は，実業家の堀江貴文が 2015 年に近畿大学の卒業式のスピーチで「なぜ私が，いろんなことにチャレンジして，失敗して，たくさんの人に裏切られながらも楽しく生きていられるか。それは今を生きているからだ。今を集中して生きているからだ」と述べたことに同調する。

　また，堀江貴文が「現代の魔法使い」と称したメディアアーティストの落合陽一（筑波大学准教授）は，世界に変化を生み出すような執念を持った人は「独善的な利他性」という共通した性質を持っていると言う。つまり，たとえ勘違いだったとしても，自分は正しいと信じていることを疑わず，それが他人のためになると信じてあらゆる努力を楽しんで行うことができる人のことである。

　ちなみに落合陽一は，20 世紀がテレビや映画などの映像メディアの中での表現だった「（リアルとバーチャルが区別された）映像の世紀」に対して，21 世

紀は映像的な表現が現実の物理空間 (スマートフォン，パソコンなど) で可能になる「(リアルとバーチャルの境目がなくなる) 魔法の世紀」になると見なす。この場合の魔法とは，コンピュータ，コードというハードウェアやデジタル社会のブラックボックスのことを指す。

　ともあれ，こうした彼らの実践を通じて発せられた見解は，時代を画するイノベーター8人を比較検討したシリング教授 (ニューヨーク大学) の研究結果におけるイノベーターの共通点である「社会から孤立した生き方」「問題解決の努力を妨害する各種のルールを無視し，自分の洞察力と推理力への絶対の自信」「とてつもない熱意」「解決困難な新しい問題に取り組むことを楽しみ，自分にそれをする能力や資格があるかどうかなど一切意に介さない奇矯な個性」といったものに呼応する。

　イノベーター8人とは，マリー・キュリー，トマス・エジソン，アルバート・アインシュタイン，ベンジャミン・フランクリン，スティーブ・ジョブズ，ディーン・ケーメン，イーロン・マスク，ニコラ・テスラであり，その選出基準は以下の3つである。

　① その業績が偉大である：これにより，主観的な評価になる芸術や音楽ではなく，客観的に測定しやすい技術や科学の分野に限定される，② その人物についての情報が高いレベルの精度で入手可能である：これにより，レオナルド・ダ・ヴィンチのようなあまりにも昔の時代の者や，ごく最近に現れたラリー・ペイジなどは除外される，③ 複数のイノベーションに繰り返し成功している：これにより「良き時に良き場所に居る」という幸運な一発屋は除外される。

　シリングが見出したイノベーターの条件には他にも「成功体験による高い自己効力感 (人生の早い時期に自分が周囲の人間より賢い，あるいは能力があると自覚する瞬間を経験している)」「高遠な理想主義を追求し，高い目標へと邁進する気質」「内発的動機付け (確かな報酬を得られなくても，問題の解決に向けて並外れた努力をする)」などが挙がる。

　こうしたイノベーターは，技術 (技術発展の性質や速度) や競争 (新規参入の可

能性），ビジネスモデルとバリューチェーン（収益化，将来的な市場の構造と力関係など），規則（政府の行動），市場の需要といった各方面での不確実性を確実なものにできるほどの情熱を有している。

　例えば 2006 年，ダニエル・エクは 14 歳年上のマルティン・ロレンツォンからの潤沢な融資と，当時勤務していた職場（少女向けゲームサイトを運営するスタードール社）の同僚だったアンドレアス・イーンの技術を携えて「レコード会社を横暴する違法コピーから守り，音楽や動画の合法的な配信用プラットフォームを構築し，ユーザーへのサービスは基本無料にする」という高邁なビジョンを持ち，さらには高速での音楽再生を可能にして「待つなんてクールじゃない」を謳い文句とした差別化をなす Spotify を設立した。

　この実現には，レコード会社の協力が何より必要だったので「コンパクトディスクを販売する形式は止めて，デジタルストリーミングで配信するべきだ」と訴えかけた。当初は当然ながら拒否されたのだが，その熱意がついには伝わり，ほとんどのレコード会社（ソニー・ミュージックエンタテインメント，EMI，ワーナー・ミュージック・グループ，ユニバーサルミュージックなど）が Spotify のビジネスモデルに賛同した。まさに「情熱の超伝導」がそこにあった。

　2010 年にアメリカでサービスを開始した時には，企業評価額は 230 億円だったが，2014 年には 7,700 億円，2019 年には 2 兆 8,000 億円と右肩上がりを記録した。いまやストリーミング配信はアメリカの音楽産業最大の収入源になっている。

　こうして各方面（技術，競争，ビジネスモデルとバリューチェーン，規則，市場の需要）での不確実性を確実性に変えていった，このダニエル・エクというイノベーターへの評価は 2018 年 4 月，ニューヨーク証券取引所への Spotify 株式公開初日に 265 億ドルの値（初値 165.90 ドル）が付いたことが雄弁に語る。

　ダニエル・エクは，こうした自身のビジネスについて「Spotify は音楽業界を破壊していると言う人がいる。しかし，僕たちが本当にしていることは，音楽業界の革命の一翼を担っていることだと思う」「ここまで大きくなった要因

は2つある。1つは，誰もしていない無料サービスに賭けたこと。もう1つは，スウェーデンで起業して，まずはヨーロッパで展開して，その後は段階的に海外組織を成長させていき，このビジネスモデルに将来性があることを音楽業界に認めさせたこと」と述懐する。

　バーナード・ショー（劇作家）の「合理的な人間は自分を世界に合わせる。非合理的な人間は世界を自分に合わせようとする。よって全ての進歩は非合理的な人間によってもたらされる」という格言を座右の銘としていたのは，社会学者のベル（元ハーバード大学名誉教授）だった。

　ベルは「多くの企業がイノベーションについて語り，我が社はこうやったと綺麗にまとめようとする。でも，その通りやってうまくいくとは思わない。どんなにクリエイティブなブレインストーミングをやったところで，会議室でイノベーションが起こるわけじゃない。イノベーションは幸運なセレンディピティの産物だ。思いがけないところから思いがけない影響やアイデアが降ってきて生じる。問題をこねくり回しても起こりはしない」と語っていた。

　同様に，アイザック・アシモフ（作家，生化学者）も「偉大なアイデアは何かの副産物として思いがけなく生まれる」。すなわち責任の重荷がなく，自由に試すことのできる人から，優れた新しいアイデアがもたらされる傾向があると見なしていた。

5.　イノベーターはアンバサダーを求める

　イノサイトの共同創設者だったジョンソンは，5〜10年先の未来のビジョンを定めた上で，現在そのために採るべき戦略を決める「フューチャー・バック・プロセス」というビジョナリー思考を提唱する。これにより，イノベーションをもたらすことができると言う。

　その担い手となるイノベーターは，職場においては創造性で評価される「天才（独創的な考えや着眼点を持ち，人々が思い付かないプロセスで物事を進められる人）」と見なされる。

　バーコール（物理学者）が言うところの「ルーンショット（誰からも相手にさ

れない，一見ばかげていると思われるが，実は世の中を変えるようなアイデアやプロジェクト）」をなすアーチストでもある。そうしたアーチストは，組織の中で堅実に成長している部分を担当するソルジャーやフランチャイズ（製品・サービスの続編・更新版）と対立する。ルーンショットによるイノベーションは，嵐の中を舞う葉っぱのように，最終的にどこに行き着くかを予測することが難しいため，許容されにくいからである。

　これに関して，世界で最も売れた経営学のケーススタディ作成者の1人であるロベルト教授（ブライアント大学）は，職場における創造性を阻むものとして，次の6つを挙げる。

〈職場における創造性を阻むもの〉
　① 直線的な過程：計画を途中で変えない。
　　創造性には反復の過程が必要である。レオナルド・ダ・ヴィンチは学習と修正を繰り返した。
　② 基準：競合他社を比較する。
　　独自路線ではなく，他社を模倣することになる。テレビドラマには刑事ものや医療ものが多い。
　③ 予測：アイデアが生み出す利益の大きさばかりを求める。
　　創造性を抑え込むことになる。ジョージ・ルーカスが描いた「宇宙戦争」の構想。シングルマザーのジョアンが書いた小説。ソニーがファストコンタクトをとったが断ったシンガーなど，その才能について最初は分かる者は誰もいない。「宇宙戦争」は後に『スター・ウォーズ』シリーズとして，現在まで長期にわたって人気を博する映画作品となった。ジョアンは後にJ・K・ローリングと名乗り，史上最も売れた本の20冊のうち7作を占める（世界で4億部以上を売り上げる）『ハリー・ポッター』シリーズの著者となった。その1作目は11もの出版社に却下され，前払い金も2,000ドル（約22万円）だった。また，宇多田ヒカルはソニーへのコンタクトがうまくいかず，東芝EMIと契約を結んだ。デビューアルバム『FIRST LOVE』は

700万枚超という歴代最高のセールス枚数を記録した。

④ 構造：改善を促す目的で改組を繰り返す。

創造性を鼓舞できるという効能にも限界がある。本書第6章で取り上げるホラクラシーやティール組織はセルフマネジメントを確立させるが，役割や職務を曖昧なものにしてしまうので万能薬とはならない。

⑤ 集中：創造性を発揮できる環境を整える。

創造性は集中した状態とそうではない状態を行き来することで生まれる。マーク・トウェインは『ハックルベリー・フィンの冒険』の執筆を2年間中断した。その間，空っぽだったアイデアのタンクは自ずと満タンになっていたと自認する。

⑥ 反論：議論を活性化するために必要となる。

意義や反対意見を前向きにとりまとめられず，アイデアを結実できなくなる。「イエス・バット」ではなく「イエス・アンド」と言わなければならない。

このように職場には，天才の創造性を阻むものが数多ある。そして，同じ職場には天才の他に，あと2種類の才能を持つ人がいると言うのは，北野唯我（実業家，職業人生の設計専門家）である。

あと2種類の才能とは「再現性」で評価される秀才（論理的に物事を考え，システム・数字・秩序を大事にし，堅実に物事を進められる人）と「共感性」で評価される凡人（感情やその場の空気を敏感に読み，相手の反応を予測しながら動ける人）である。

天才が変革をなす途中で留意しなければならないのが，凡人の存在である。凡人は，成果を出す前の天才を認められず，コミュニケーションを絶ち，できるだけ天才を排除しようとする。そうした凡人の多数決（空気感）により，組織内で天才が殺されてしまうのである。

イノベーターという天才を活かすことができるのは，天才と凡人（創造性と共感性）の才能を同時に持ち合わせるアンバサダーとなる。そうしたアンバサ

ダーは，主語を世界や真理など超越した何かで語る天才と，人メインで語る凡人の双方を理解できる。

こうしたアンバサダーの存在は，次の2つの点からみて効果的である。

1つ目は，イノベーションを妨げる「カワカマス（小魚を餌とする大型の肉食淡水魚）症候群」を和らげる役割を担う点である。

ガラス板が真ん中にある水槽の片側に1匹のカワカマスを入れ，もう片側に多数の小魚を入れる。カワカマスは小魚に何度も飛びかかるが，そのつどガラスの仕切りにぶつかるので，やがて諦める。そこで仕切りをそっと取り外しても，カワカマスは小魚のいる方には寄り付かない。痛い思いをするだけと思い込んでしまったからである。

このように，状況の変化に適応できずに，誤った固定観念を抱き続けることを「カワカマス症候群」と言う。ここでのガラスの仕切りは「伝聞・噂・経験・仮説・常識・基本原則」といった前提の壁を意味する。

これは企業の歴史に関係なく普遍に存在するものである。元禄12（1699）年創業の「にんべん」が1964年に「つゆの素」を発売する以前には，鰹節などの動物性食品は液体と合わせるとすぐに腐るので，煮物や麺つゆなどに使う液体調味料の商品化は無理だというのが常識であった。

また1969年に発売した「フレッシュパック」も，削り立てではない鰹節は酸化の影響を受けて風味が落ちるので，鰹節本来の旨味を感じることはできないと見なされていた。

ところが，そのいずれもが商品化に至り，現在でもロングセラーを続けているのは，開発・販売当時の社内におけるアンバサダーの役割が大きかったと見なすことができる。

2つ目は，組織理論家のカール・ワイク名誉教授（レンシス・リッカート特別大学）が提唱する「センス・メイキング」を容易にし，未来志向を促すことができる点である。センス・メイキングとは，組織のメンバーや周囲のステークホルダーが事象の意味についてストーリー性を見出すことで納得（腹落ち）していくことである。センス・メイキングは，イノベーターが社内で共感を得る

ために必要不可欠なプロセスであり，現代経営学においても有力な理論の1つとして見なされる。

　これに関して，レッドブル・ジャパンのマーケティング本部長を務めていた長田新子は，アイデアが実現し，成功するための鍵は，①自分ごととして捉えられるか（自分），②人を見極め，巻き込み力を持ってリードできるか（仲間），③ステークホルダーのメリットを生み出せているか（共創），④社会的に意義のあるストーリーを作れるか（社会貢献）の4つに集約されると見なす。このうちの巻き込み力は，アンバサダーの存在を認める見解となる。

　また，Netflixの共同創業者だったマーク・ランドルフも次のように述懐し，アンバサダーの必要性を実感していた。

　「スタートアップ企業は孤独だ。誰からも信じてもらえず，上手くいく訳がないと何度も言われてきたものに取り組んでいる。世界にたった一人で対峙しているようなものだ。だが現実には，たった一人ではやれない。協力を求めなければならない。他の人を自分の考えに引き込まなければならない。あなたの情熱を共有してもらわなければならない。あなたの未来ビジョンが見える魔法の眼鏡を相手にかけてもらわなければならない」。

　1997年に創業したNetflixのアイデアは，当時のブロックバスター（アメリカのビデオ・DVDレンタル店。2010年に連邦倒産法第11章を申請）のビジネスモデルが「マネージド・サティスファクション（不満の経営）」にあることから生じた。つまり，延滞料金・品揃えの悪さ・汚い店舗といった理由から，ほとんどの顧客がVHSビデオレンタルを楽しんでいなかったのである。

　実際，Netflix投資家第1号で後に共同経営者兼CEOとなったリード・ヘイスティングスが，返却を忘れていた『アポロ13』をブロックバスターに返しに行った際に40ドルもの延滞料金を取られ，「二度とこのような目に遭わずに済むようにしたい」と思っていたことが，Netflixの構想につながったとされる。

　また，マーク・ランドルフはシリコンバレーで「スタートアップにはとにかくOPM（アザー・ピープルズ・マネー：借入金）が欠かせない」としきりに聞か

されたと言う。つまり，アイデアに人生を注ぎ込み，資金は他人にお願いすること。それほど起業はリスキーであるという意味である。ビジネス実行には，センス・メイキングによって未来ビジョンを示すことが不可欠なのである。

6. ミッシング・ミドルによる再考

　2013 年に BBC で放映された『ジ・エイジ・オブ・イノベーション』において，プロダクトデザイナーでダイソン社の創業者であるジェームズ・ダイソンが「発明される可能性のあるものは，全て発明されたと思うか？」という質問に次のように答えた。

　「思わない。今がエンジニアにとってすばらしく，とても興奮する時代だ。私たちは今ある全てのリソースを使うのを止める必要がある。最大の建築物などは，もう建てなくていい。水と電力と材料をなるべく使わない建物を築く必要がある。次に来る発明は，この課題に答えを出す新しい素材から生まれるだろう。そして，その新しい素材から，科学者やエンジニアが新時代の驚くべき製品を創り出すことだろう。今こそ『輝かしい時代』の幕開けだ」。

　これは，未来志向的な見解である。こうした発明に至るきっかけの 1 つとなるのが，プール（ジャーナリスト）が言うところの「リ・シンク（再考）」である。例えば電気自動車は，現在でこそ未来志向のモノであるが，そのアイデア自体はガソリン自動車よりも先にあった。このように発明のヒントは，過去に考えられていたものを再発見し，改良すること（もう一度考え直して，新しい見方で考察すること）にある。

　それに加えて，現在は AI を用いることができる。国際経営論の第一人者である安室憲一名誉教授（兵庫県立大学）は，今後の企業は組織内に多数の AI を利用したビジネスモデル（AI ディスラプター）を取り込み，その組織が形成するフローラ（AI エコシステム）と共存すると指摘する。

　また，アクセンチュアのドーアティとウィルソンは，フォード・モーター社の自動車の組立ラインの創出（プロセスの標準化）をビジネス変革の第 1 の波，1970 〜 1990 年代のビジネス・プロセス・リエンジニアリング（プロセスの自動

化）を第2の波と見なした上で，現代のような人間とマシンの共存関係（適応力のあるプロセス）を第3の波と見なす。

　そこでは，人間だけの活動（主導・共感・創造・判断）や，マシンだけの活動（トランザクション・反復・予測・適応）だけでない，人間とマシンのハイブリッド活動（人間によるマシンの補完：訓練・説明・維持。AIによる人間へのスーパーパワー付与：増幅・相互作用・具現化）という「ミッシング・ミドル（人間とマシンが協力して作業し，お互いが得意とする領域を担当すること）」をいかに活かすことができるかが鍵を握る。

　注視したいのは，ここで言う人間が，リベラル・アーツ（基礎教養）というソフトスキルと，STEM（ステム：科学・技術・工学・数学）というハードスキルの双方の素養を有する者だという点である。STEMはアートを混合させてSTEAM（スティーム）とも呼ばれる。

　リベラル・アーツの語源は，古代ローマにおける「アルテス・リベラレス（自由の技術）」である。これは「アルテス・メカニケー（機械的技術：メカニカル・アーツ）」と対になる概念であった。

　中世以降のヨーロッパでは，大学で教える基礎教養（文法・論理学・幾何学・天文学・音楽など頭の中でイメージしながら考えていく，人による観察・解釈を中心とした抽象的な学問）をリベラル・アーツと呼び，工学・建築学など手を動かすメカニカル・アーツ（技術）と区分された。

　明治時代の啓蒙家であった西周は，リベラル・アーツを「芸術」と訳した。また現在，プリンストン大学では，リベラル・アーツを「あらゆる人間的な探求のための知的な苗床」と定義する。そしてSTEAMには，人文（ヒューマニティーズ）・倫理（エシック）・リスクを取ること（リスク・テイキング）を含めたSHTEAMER（シュティーマー）という「STEAMを実行に移す者」の育成こそが重要だとする。

　こうした文理融合（リベラル・アーツ×STEAM：芸術×技術）の例には，社会学と土木工学による都市政策，心理学とコンピューティングによるユーザビリティ調査などがある。

非営利教育団体のスカイラボでは，STEAM 人材は次の 3 つの顔を併せ持つ者だと捉える。① ヒューマニスト：人間を大切にするという思想（ヒューマニズム）を持って探求を続ける。② イノベーター：科学技術とアートを融合して，次々とイノベーションを興す。③ デザイナー：論理より直感を重視して，様々な領域を越境した発想をする。

　これに関して，スティーブ・ジョブズは「技術だけでは十分ではない。リベラル・アーツや人文科学と結び付いて初めて，心がうきうきするような結果が生まれる」と捉えていた。

　また，哲学者の鷲田清一名誉教授（大阪大学，京都市立芸術大学）も次のように語る。「既存の産業の隙間からビジネスチャンスは往々にして生まれる。その隙間を見つけるには，専門的知見とは異なるもう 1 つの眼，すなわち日頃から自分の専門を相対化する眼（世界を複眼で見る，教養の眼）を重ね合わせて，ものを見なければならない」。

　さらに実業家のハートリーは，人間性を高める文系人間（ファジー）と，機械化を進める理系人間（テッキー）が対等で重要なパートナーとなることが，最も成功するイノベーションを生み出す公式となると見なす。

　これについては落合陽一も，メカニカル・アーツ（技術）を扱う能力を身に付けた上で，リベラル・アーツを持っている人間にだけ大きな価値があるとする。つまり「実装」と「アイデア」が個人の中で接続されることに価値があると捉えている。

　こうしたリベラル・アーツの重要さについては，経営コンサルタントであり，『エクセレント・カンパニー』の共著者でもあるトム・ピーターズも次のように指摘する。

　戦略論の大家であるミンツバーグ教授（マギル大学デソーテル経営大学院）が MBA（金融・マーケティングなど）の価値は，リベラル・アーツ教育（人間関係・効率性の改善など）の価値の前に失墜すると言い，「マネジメント」の創案者であるドラッカーが，「マネジメントは真のリベラル・アーツ（価値観・責任感など）に的が絞られるようになった」と述べたことを引きながら，MBA は「マ

スター・オブ・ビジネス・アドミニストレーション（経営学修士）」から「マスター・オブ・ビジネス・アーツ（ビジネス・アーツ修士）」に変換することが重要であると指摘する。

　総じてリベラル・アーツは，知識の幅（レンジ）を広げるものとなり，最強の武器となりうる。幅が広いことで，ある分野で得た知識を別の分野に応用できる。つまり「認知的定着（コグニティブ・エントレンチメント：ルールに沿ってしか動けないこと）」を避けられるのである。

　認知的定着とは，組織行動学者のデーン教授（ライス大学）による用語である。1万時間の練習を通じて得られるとされるのが認知的定着であるが，これを避ける方法として，1つの領域内で取り組む課題を多様なものにすることが提案される。要するに，片足を別の世界に置くことを奨めるのである。

　例えばマイケル・クライトンは，ハーバード・メディカルスクールで医学を専攻していたが，卒業後は作家の道に入り，小説『ジュラシック・パーク』や，テレビシリーズ『ER 緊急救命室』などを手がけた。つまり，医学の知識が作品に活きたのである。

　医学博士でもあった漫画家の手塚治虫も，自ら「冬の時代（1968 ～ 1973 年）」と称した低迷期からの復活を遂げたのが，医学生だった時の経験を活かして描いた『ブラック・ジャック』（1973 年から『週刊少年チャンピオン』に 10 年にわたり連載され『ドカベン』『がきデカ』などとともに同誌の黄金期を支えた医療漫画）であった。

　このような知識の幅について，エプスタイン（科学ジャーナリスト）は，知識の構造が非常に柔軟で，新しい領域や全く新しい状況にその知識を効果的に適用できることから「遠い移転（ファー・トランスファー）」と呼ぶ。

　ラカーニー（ハーバード大学イノベーション・サイエンス研究所共同ディレクター）は「ほとんどの場合，大きなイノベーションは，その問題から遠く離れた分野の人が問題を別の角度から捉え直して解決策を生み出している」と，アウトサイダーであることの強みを指摘する。

　イノベーション論では，知的好奇心を持って複数の専門領域に飛び込み，知

的謙虚さ（インテレクチュアル・ヒューマニティ：自らの判断の限界を受け入れ，誤りをしないように対策を講じる能力）を形成する者を「π型人材（T型を複数有する意味としてのπ型）」と呼ぶ。

　こうした内省的な人材は「知性の罠（インテリジェンス・トラップ）」に陥ることを避ける。知性の罠とは，結論があらかじめ想定されるような「動機付けられた推論（モチベーテッド・リーズリング）」をすること。そして，自身の偏見や思考の誤りに気づかないという「認知の死角（バイアス・ブラインド・スポット）」があることである。

　この点を踏まえてロブソン（ジャーナリスト）は，現在求められるのは知識の限界を認め，曖昧さや不確実性を許容し，様々な立場をバランスさせ，幅広い専門分野の知識を融合するような思考スタイルであるとし，そのための第一歩は，問題を認識することだと見なす。

7. 担い手となるニュー・パワーの獲得

　他社とは違ったモノで，なおかつ新しいモノを提供することが求められるビジネス革新において，企業間での人材獲得競争は，ますます熾烈なものとなっている。

　例えばNetflixは2017年，ディズニー傘下のテレビ局ABCと契約を結んでいたショング・ライムズ（脚本家，テレビ監督，プロデューサー）と5年で1.5億ドルの契約をした。ABCとの契約は推定1,000万ドルだったので年換算で約3倍の報酬上昇となった。

　翌2018年には，20世紀フォックスのライアン・マーフィー（ドラマプロデューサー，脚本家）が5年で約3億ドルの契約を結び，Netflixへと移籍した。これはテレビ界過去最高額の報酬契約だった。

　ビジネス誌系サイト『ニュース・ピックス』初代編集長を務めた佐々木紀彦は，こうした人材獲得競争について「クリエイター・バブルと呼ばれるほどのクリエイター黄金時代の到来」と見なす。

　2018年では「ゾゾタウン」を運営するスタートトゥデイ（現ZOZO）がITを

用いたファッションビジネスなどのために「7 人の天才と 50 人の逸材」を採用する方針を明らかにして話題を呼んだ。

　「天才」とは，高度なスキルを有する技術者（人工知能・人間工学・行動経済学などの博士か研究員，ウェブデザイナー，IT エンジニアなど）であり，「逸材」の報酬額は年収 400 万円から 1,000 万円だが「天才」には最大で 1 億円を与えるとした。実際にこれらの採用が進んでいることも明らかにされている。これは，才能を探し求める戦い（ウォー・フォー・タレント）に勝つためには，投資は惜しまないということを示唆する。

　こうした才能の奪い合いは，ハイマンズとティムズ（実務家）が言うところの「ニュー・パワー」の存在を如実に表している。ニュー・パワーは，従来のオールド・パワー（貨幣：カレンシーのように，少数の者が力を握り，閉鎖的でリーダー主導型。ダウンロードして取り込み，獲得するもの）に対して登場した（潮流：カレントのように，多数の者が生み出し，オープンで仲間主導型。アップロードして分配するもの）。

　ニュー・パワーを活用するためには，それまでのフォーマルな統治（代表者による運営）や管理統制主義といった価値観から，インフォーマルな統治（ネットワークによる運営）や自己組織化という価値観が必要となる。

　その行動も遵守・消費（オールド・パワー）から，共有・加入・応用・出資・生産・形成（ニュー・パワー）が主となる。企業では Airbnb やウィキペディア，個人ではレディ・ガガやマーク・ザッカーバーグなどが，その象徴となるとされる。

　このようなニュー・パワーという優秀な人材を獲得できた後にも，本章で既に述べたように，彼らを社内でいかに最適に率いることができるかという経営上の問題が出てくる。本来，そうした天才はチームプレーに不向きだからである。

　天才を部下に持つ際のリーダーシップの在り方について，フロマス（医師）が着目したのは，高等研究所（IAS：1930 年に化学者のフレクスナーらがニュージャージー州プリンストンに立ち上げた研究所。ノーベル賞，非凡な数学者に贈ら

れるフィールズ賞，その年に優れた業績をあげた科学者や芸術家に与えられるウル
フ賞，優秀な科学者に贈られるマッカーサー賞の受賞者を数多く輩出）に在籍した
アルベルト・アインシュタイン直属の上司フレクスナーの手腕であった。

　フロマス自身の経験と照合して，フレクスナーの手法との共通点が多いこと
に気づき，それらを次の 10 のルール（リーダーの心構え）としてまとめた。

〈「天才部下」を率いて，最強チームをつくる 10 のルール〉

　① 鏡と向き合う：自分を正しく評価し，自分は天才ではないことを認める。

　② 邪魔をしない：天才の思考の行く手を阻まない。

　③ 黙って耳を傾ける：天才の知性の聞き役に徹する。

　④ 石をひっくり返す：石の下にいる虫をさらけ出すように，自分の考えと
　　　行動を一致させる。

　⑤ 化学よりも錬金術を使う：化学のようにインプットした分だけのアウト
　　　プットしか出てこないチームではなく，個性を混ぜ合わせて，予測のつか
　　　ない相互作用を起こすノンリニア（非線形的）なチームを作る。

　⑥ 過去を未来の事実にしない：過去の経験や直感ではなく，正しいデータ
　　　を意識決定プロセスに用いる。

　⑦ リスを無視する：天才はリス（仕事には関係のない，小さいが面白そうなア
　　　イデア）を追いかけがちだが，全てのリスを追いかけることはできないの
　　　で，どのリスを追うべきかを賢く選ぶ。

　⑧ 心と頭を調和させる：感情の不調（ストレス）がないような環境を整える。

　⑨ 問題で気を引く：取り組みたくなるような目標を掲げる。

　⑩ 危機とうまくやる：危機の連続となることを受け入れる。

8. 最も求められているのは英雄

　1970 年大阪万博をプロデュースした堺屋太一（作家）の最後の小説となった
『団塊の後』（2019）では，明治の日本を 1 度目の日本（強い国），戦後日本を 2
度目の日本（豊かな国）とし，これからの 3 度目の日本は小手先の改革ではなく，

「楽しい国」を根本から創っていかなければならないと主張し，次のように示した。

　「今の日本はきわめて静か，革命が起きる気配も，起こそうという人物や組織もありません。また，独自の発想とカリスマ性を以て，世の中の大改革をやろうという独裁者も見当たりません。実際には，そんなことを唱える人物がいたとしても，それに全権を与える雰囲気は全くありません。現在の日本には，英雄が生まれる熱狂とそれに従う単純さがないのです。世にいう『英雄待望論』は資質のある個人の出現と同時に，それを受け入れる社会の単純さが必要です。幸か不幸か現在の日本社会は，特定の思想や提示された思潮に熱狂するほど単純ではありません。従って，今の日本で社会の仕組みを変え，やり方も変えるには，根気よく談合を繰り返して世の倫理を変え，社会の仕組みを改め，主体を新たにする以外に方法はありません」。

　この叙述は，現在の日本を端的に表している。AI や IoT といった第四次産業革命が訪れ，快適で便利な社会へと「ペダル・トゥ・ザ・メダル（思い切りアクセルを踏んで速度を上げ，全力で進んでいる）」状態では，本来ならば楽しくなっていなければならない。

　しかしながら，そうはなっていない現状であるのは，強力なリーダーシップを発揮して，この社会を明るい方向へと舵を取っていけるほどの気概ある英雄がいないからである。カリスマヒーローが支持されるのは，いつの世も危機的状況の時である。

　これに関して，マヨ教授（IESE ビジネススクール）は「謙虚で控えめな人間をリーダーに選べば，組織は絶対に良くなる。だが，そうした静かなる英雄ではなく，これでもかとカリスマ性を発散させるスーパーヒーローをリーダーに選んでしまうのは，我々の性のようである」と見なす。

　また，スティーブ・ジョブズの師であり，グーグル創業者の育ての親と称されたビル・キャンベル（コーチ，プロ経営者）は，4 つの資質を人に求めていた。

　1 つ目は，様々な分野の話をすばやく取り入れ，それをつなげられる知性があること。これをビル・キャンベルは「遠い類推（かけ離れた物事をつなげる発

想）」と呼んだ。2つ目は，勤勉であること。3つ目は，誠実であること。そして最後に，打ちのめされても立ち上がり，再びトライする情熱と根気強さという「グリッド」を持っていることである。このような資質を持つ者こそが，リーダーシップをとるに値する，と。

　本章の最後に，経営学者の入山章栄教授（早稲田大学ビジネススクール）が「リーダーシップ理論の現時点での境地」としていることを紹介しておこう。それは「自分のビジョンは何か，自分は何者で，何をして生きていくのかを深く内省し，そのビジョンをもとに啓蒙していくこと」である。これができる者こそが，これからのビジネス革新をまとめ上げていくことになる。

〈本章を身近に感じるためのエクササイズ〉

　1. 現代ビジネスにおけるイノベーションのうち，モノに関するものにはどのような事例が挙がるか考えてみよう。

　2. 現代ビジネスにおけるイノベーションのうち，構造に関するものにはどのような事例が挙がるか考えてみよう。

　3. 現代ビジネスにおけるイノベーションのうち，経験に関するものにはどのような事例が挙がるか考えてみよう。

　4. 本章で取り上げられている人物以外で，未来志向のイノベーターと見なすことができる者を取り上げ，どのような点がそうであるのかを説明してみよう。

第3章　マーベリック・カンパニー：独自の発想でビジネスに挑む企業

〈本章を理解するためのキーワード〉

競争の概念を変える，イノベーションの常識を変える，顧客との絆を取り戻す，
仕事の仕方そのものを変える

1.「マーベリック・カンパニー」とは何か？

　『ハーバード・ビジネス・レビュー』の編集者を務めた後，新機軸のビジネス雑誌『ファストカンパニー』を立ち上げたテイラーは，独自な発想に基づいて，挑戦的にビジネス展開をする企業を「マーベリック・カンパニー」と称した。

　マーベリック・カンパニーの戦略は，① 永続的（エンダーリング）でありながら先端的（エッジィ）である。② 際立って独特のもの（ディスティンクティブ）でありながら破壊的（ディスラプティブ）である。③ 時代を超えるもの（タイムレス）でありながら時宜にかなったもの（タイムリー）というものである。

　そうしたマーベリック・カンパニーは，① 競争の概念を変える。② イノベーションの常識を変える。③ 顧客との絆を取り戻す。④ 仕事の仕方そのものを変える。

　例えば20世紀初頭に創業した「百年企業」の1社である木下サーカスは，団員とテントが移動する形式を採りつつも，年間120万人の観客動員力を誇る。同社は「一場所，二根，三ネタ（公演地の選定が第一，営業の根気が第二，演目が第三である）」という独自のボキャブラリーを有して，競争の概念を変える。

　劇場や野球場といった常設の「器」を持たず，仮設劇場のテント，団員が住むコンテナハウス，動物の飼育スペース，事務所，売店，観客の駐車場など，最低でも約1万坪（3万平方メートル）の「広場」で興行することで競争する。

　そのため，要となるのは裏方作業を担う営業部隊である。彼らは公演の1年ほど前に候補地を決め，半年前に現地に先乗りの事務所を開き，地元の新聞社やテレビ局と連携したプロモーション活動をするという「アヒルの水かき（見

えないところでの努力）」を行っている。

　これは，イノベーションの常識を変えることを地で行く取り組み（興行の人的ネットワークを全国に張り巡らせ，イノベーションへの参加者の範囲を広げること）である。

　こうしたサーカスの巡業は，各地の新聞社側も喜ぶイベントとなる。新聞の定期購読契約での販促として，木下サーカスの割引券や招待券を使うことができるからである。家族で楽しめるサーカスの着券率（もらった人が観に来る割合）は，他の券（展覧会・スポーツ観戦・映画など）よりも高かった。これは，顧客との絆を取り戻すマーベリック・カンパニーの姿そのものである。

　それは，木下サーカス二代目・木下光三の「一人のお客さんが，一生のうちに３度観に来てくれたら，サーカスは商売になる。子どもの頃に親に連れられて来る。自分が親になって我が子の手を引いて２度目。歳をとって孫と一緒に３度目。家族に愛されてこそ道が開ける」という言葉にも表れている。

　そうした木下サーカスの人材育成は「山より大きな獅子は出ない。苦難は自分で切り開け。いつの時代でも人間はそうでなければならぬ」という初代・木下唯助の言葉通り，十全になされた。そして例えば，芸人が病気になった場合でも，芝居のように代役を立てることはせずに，簡単に穴埋めはしなかった。それは，自分がやる芸を他人がやることに屈辱を感じるからだった。あくまでも，どの石が欠けても成り立たないピラミッドの中の１つの石として自分はいるのだという自意識を持って仕事をしているのである。

　シルク・ドゥ・ソレイユが即戦力となるパフォーマーを世界中から集めるプロジェクト型（市場の原理）を採ることに対し，木下サーカスは団員を自らの手で育てて使うファミリー型（人間の論理）を貫く。ここに仕事の仕方そのものを変える側面での木下サーカスのマーベリック性がある。

2.　競争の概念を変える

　先に示したマーベリック・カンパニーの４つの特質から，企業を分析する際のポイントを挙げると，まず，競争の概念を変える企業であるかどうかは「そ

の企業に独自のボキャブラリーがあるかどうか」を見れば良い。

　自社がどのように競争するか，社員がどのように働くか，なぜ成功したいと思うのか，何を持って勝利とするかについて語るとき「真に自社で育て上げた言葉（オーセンティカリー・ホームグローウィン・ランゲージ）」を用いて，社員や顧客を説得させているかどうかで会社を評価することができる。

　例えば，無添加化粧品を手がけるファンケルの創業者・池森賢二は「記憶累積効果」という造語を唱え，どの媒体でどの程度の間隔を空けて広告を流すことが最も効果的なのかを商品ごとに摸索することが欠かせないと言う。

　また「草刈機まさお」や，立ったまま運搬のできる電動運搬機「立ち乗りひろし」などユニークな商品名を付けている筑水キャニコムを率いる包行均は，顧客が抱える悩みは「ボヤキ」であり，それを「ボヤキズム（お客様のボヤキを原点とする義理と人情のものづくり）」で応えるという独自の言葉を持つ。つまり「ものづくりは演歌だ」と見なしているのである。

　西日本各地に「ゆめタウン」を展開し，一大流通チェーンを築いた山西義政は「カラッとした実力主義」を心がけていた。能力のある者や実績を上げた者がそれなりの地位に就くということを徹底し，決して情緒に流されて人事異動をしないことを表している。

　「かんてんぱぱ」で知られる伊那食品工業を率いた塚越寛が唱える「年輪経営」は，伊那食品工業ならではのボキャブラリーである。木の年輪は，その年の寒さや暑さなどによって，太くなる幅は異なるが，年輪ができない年はない。年輪は必ずでき，前年よりも確実に一輪分は増える。このことを企業成長になぞらえているのである。

　年輪の幅は，木が若い時ほど広いが，ある程度の大きさになると狭くなってくる。成長率は低くなるが，それでも毎年，木全体の円周・容積は大きくなるので，成長の絶対量は増している。会社の成長も年輪のように，一時的な売上げ増を狙うのではなく，社員の成長や経営の各要素（開発・製造・販売など）の拡充といったトータルの数字が無理なく，バランス良く成長することを理想とする考え方である。

総合通販大手ベルーナの創業者・安野清は，そうした企業成長には「健全なる冒険」が必要だと見なす。曰く，事業は定番（安定したコア事業）7割，チャレンジ（新事業）3割という比率が良い，と。定番だけではなく，冒険しなければ時流に乗り遅れて，成長は止まる。だが，無謀な冒険では会社が倒れる。その両者の間の「健全なる冒険」が巧くいくのである。

　そして，めざすべきは「暴走運転」だと言う。暴走できる環境とは，他にクルマがいない専用車線を走っているか，他のクルマの追随を許さず先頭を走っている場合なので，どれだけ飛ばしても安全であるというわけである。

　また，ポーター教授（ハーバード大学）が，戦略のある稀有な日本企業として高く評価したホンダには「ワイガヤ（皆でワイワイガヤガヤと話し合うこと）」や「ワンカラット（一度の失敗は気にせずに，気持ちを切り替えてカラッと行こう）」といった独自の言葉がある。

　ホンダの創業者・本田宗一郎は，社員は自分の得意なことができるようにして「愉快な航海」をすることを次のような言葉とともに説いていた。

　「企業という船にさ　宝である人間を乗せてさ　舵を取るもの　櫓を漕ぐもの　順風満帆　大海原を　和気あいあいと　一つ目的に向かう」。つまり「得手に帆を揚げる（自分の得意なことを発揮する好機が訪れ，待っていましたとばかり，調子に乗って事を進めること）」というのが，本田宗一郎の仕事観であり，それをもってして勝利することを志したのであった。

　コマツを率いた坂根正弘は，人を動かすのは言葉であり，リーダーシップには「言葉力」が求められると言う。話す前に現実をよく見て，自分の言葉でそれを語り，その後に自分自身で実行する必要性を唱える。言葉力を強めるのは，ファクト・ファインディング（事実を把握していること）である。これをコマツでは「ショー・アンド・シェア」と呼んでいる。

　そうした言葉力の実践は 2002 年 3 月期の大赤字（800 億円の純損失，130 億円の営業損失）から，翌年以降での 6 期連続の増益増収という V 字回復で示された。その際に掲げられた独自のボキャブラリーが「ダントツ」であった。あらゆる点で 80 点の商品では競合他社（キャタピラー）に勝てないので，他社が真

似できないところ，すなわち環境・安全・ICT に特化したダントツ商品を作れば，他の点は 60 点でも，特化した点で 200 点というダントツに優れたところがあるので，競争優位に立てるという考え方である。

　オープンキッチンで，新鮮な食材を目の前で調理して，手作りの良さや新鮮さ，安心を提供するフレッシュネスバーガーの創業者・栗原幹雄は「胃袋 1 個理論」という独自の見解を打ち出している。

　これは，飲食店（外食）は競合店と争うだけでなく，中食（コンビニエンスストア，持ち帰り弁当），内食（スーパー，小売店）といった，食を提供するあらゆる業態と，人の胃袋のシェアを奪い合うことを意味する。人の胃袋は 1 個しかないので，食べることのできる量には限界があるからである。

　そうしたシェア争いのためには「四格のバランス」が必要だとする。四格とは，① 品格（ハンバーガーの質），② 価格（値段の高さ），③ 店格（店舗デザイン，ムード），④ 人格（店員の接客・対応）である。この 4 つの加減をとることを重視した。

　当初は喫煙可能な店舗だったが，分煙化を進めたり，禁煙室を設置したりすることは，フレッシュネスバーガーの昔ながらのスタイルを変えることになるが，そうすることが顧客ニーズへの対応となるため，これを栗原幹雄は「一歩下がって二歩進む経営」と呼んだ。

　カラフルな店舗デザインで 20 〜 30 代の OL やミセスのための料理学校を展開する ABC Cooking Studio の創業者・志村なるみは，事業の初期，新卒採用よりも中途採用で人材を集めた。そこには，組織を「雑種」にして強くしようという考えがあった。この「雑種」という言葉は，現在で言うところのダイバーシティ（多様性）である。多様な個性を活用しようとする姿勢が「雑種」という表現ににじみ出ている。

　P&G では「イシュー」という言葉が多用される。通常は発行や出版の意味だが，P&G の会話では論点・課題・問題点という意味で用いられる。同時に「コンシューマー・イズ・ボス（消費者がボス）」という言葉も P&G で頻繁に登場する。上司ではなく，消費者を喜ばせることに焦点を合わせていることの現

れである。

　その他，マーベリック・カンパニーの競争に関しての評価項目（サイジング・アップ戦略）には，①「競合他社とは異なる，独自で型破りな目的意識があるか？」，②「もし明日，自社がなくなるとしたら，誰が本当にそれを悲しんでくれるか，また，それはなぜか？」，③「反発されることなく，挑発的な活動ができるか？」，④「短期的には利益があるが，長期的には組織の使命から外れるような事業機会を見送ることができるか？」といったものがある。

　これらについて，イタリアンワイン＆カフェレストランのサイゼリヤを例に述べてみよう。サイゼリヤの創業者・正垣泰彦は，自分中心に物事を考える「天動説」ではなく，ありのままに物事を見る「地動説」が大事であり，ゆえにビジネスとは「個々を磨く修業の場」であるという自身の言葉を持っている。

　正垣泰彦は，顧客が繰り返し食べたくなるような「麻薬」のようなものを出せば当たるだろうという目的意識を持っていた。食べ物で麻薬に匹敵するものは，世界中の人々が大量に作り，食べ続けている食品であるという仮説を立てた。その食品を作れば，日本でも成功するだろうというロジックである。

　調べると，世界で最も売上高のある野菜はトマトで，穀物は小麦であった。また，オリーブオイルも日本以外ではかなりの生産量があることを知った。このトマトと小麦粉で作られるものは，パスタである。

　このことから「世界で一番食べられているのはイタリア料理ではないか？」という推測にたどり着いた。言い換えると，毎日食べても味わいがあり，いつまでも食べ続けたくなる味に最も近いものが，イタリア料理なのである。

　次に正垣泰彦は，相対性理論の「速度は計測する場所によって違うが，光の速度だけはどこで測っても一定であること」の「速度」を「味」に置き替え，味は国によって異なるが，どの国にも共通した光のようなものは味の場合，何であるのかを考えた。

　そして，それは「空気」だとした。空気は世界のどこであれ，誰もが必ず口にする。サイゼリヤは，そうした空気のように，人が飽きずに毎日でも食べられる味をめざす。それが「おいしさ」であると捉えたのだった。これは，従来

の外食業界で「おいしい」とされてきた味とは対極にある考え方となる。

　イタリア料理を選んだのも，世界で一番味付けが少ない料理だからということもあった。これは「競合他社とは異なる，独自で型破りな目的意識があるか？」というマーベリック・カンパニーの評価項目に応答する点である。

　以上のことからサイゼリヤでは料理を，①ルック（見た目），②アロマ（食前の香り），③テイスト（味），④フレーバー（食後の香り），⑤プライス（価格）という5つの要因に分けて検証することを継続している。

　特にプライスにおいては「ミラノ風ドリア」を「核商品（来店客の2〜3割が食べるメニュー）」となるように，これまでに1,000回以上の改良を重ね，299円という安値を保って提供してきた（現在では税込300円）。

　イタリアのトラットリア（大衆食堂）のように，日常のレストランに徹し，毎日でも来店できる料金設定にしている。2019年10月での10％への消費増税においても，ボトルワインなど一部メニューを除いて価格を据え置き，実質値下げとしたことは顧客から大きな支持を得た。

　したがって常連客は，もしその店舗がなくなると，親しみがあった分，悲しく感じることになる。これは「もし明日，自社がなくなるとしたら，誰が本当にそれを悲しんでくれるか，また，それはなぜか？」というマーベリック・カンパニーの評価項目に応答する点である。

　サイゼリヤはメニューを，①放って置いても売れる商品：ライス，ドリンクバーなど），②店が売りたい商品：プロシュート（パルマ産熟成生ハム）など，③売れないけど，ないと困る商品：イカスミ入りスパゲティ，グラッパ（食後酒としてのデザートワイン）などに分けて考えている。

　このうち③はイタリア料理店として，品揃えにこだわっていることを感じてもらうためであり，「反発されることなく，挑発的な活動ができるか？」というマーベリック・カンパニーの評価項目に応答する点である。

　こうしたサイゼリヤの経営理念は「人のため　正しく　仲良く」というものである。「人のため」とは「客数」がおいしい料理を提供できているかどうかのバロメータであり，客数を増やすことを最優先にすることを示している。「正

しく」とは顧客が喜ぶために，あらゆる作業を「標準化」することに努めることを表している。「仲良く」とは公正で客観的な評価をする意味が込められている。

　この経営理念は，長期的な組織の使命を端的に言い表したものであり，「短期的には利益があるが，長期的には組織の使命から外れるような事業機会を見送ることができるか？」というマーベリック・カンパニーの特質に値する。

3.　イノベーションの常識を変える

　イノベーションの常識を変える企業であるかどうかは「より多くのアイデアを提供してもらえるように，イノベーションへの参加者の範囲を拡げ続けているかどうか」を捉えることになる。

　その他，イノベーションに関しての評価項目（オープンマインディング・ビジネス）には，①「焦点を絞り込んで，きっちりと定義を行っているか？」，②「楽しさを失っていないか？」，③「アイデアを共有できる組織が築けているか？」，④「新しいアイデアや統制方法を受け入れることができるか？」といったものがある。

　これらについて「世の中の体温をあげること」をビジョンとして掲げ，1999年にスープストックトーキョーを開店したスマイルズ（当初は三菱商事初の社内ベンチャー企業としてスタート）を例に見てみよう。

　スマイルズは，スープストックトーキョーの他に，パス・ザ・バトン（セレクトリサイクルショップ），ジラフ（ネクタイ専門店），100本のスプーン（ファミリーレストラン），文喫（入場料のある本屋）など多種な実業を行っている。

　スマイルズの設立者・遠山正道は，スープストックトーキョーのコンセプトを「無添加　食べる　スープ」に定め，このイノベーティブなプロジェクトに参加してもらえる者が増えるように努めた。

　具体的には，ビジネスプランを「スープのある一日（ワット・イズ・スープ・ストック？）」という物語形式の企画書で示し，その中において明確な目標を設定した。これは「焦点を絞り込んで，きっちりと定義を行っているか？」と

いうマーベリック・カンパニーの評価項目に応答する点である。

　当時，遠山正道は，三菱商事の関連会社である日本ケンタッキー・フライド・チキン（KFC）新規事業部に出向しており，その活動の中で生まれたアイデアであった。1997年末に出来上がった企画書は，新規事業部やKFC専務からのバックアップを受け，さらにはKFC社長へのプレゼン結果も「面白そうじゃないか。検討してみよう」という好意的な反応も得ることで，イノベーションの参加者の範囲を広げていった。

　この企画書は現在でも，スマイルズ社内でバイブルとされるほど，完成度の高いものだった。その最終頁には「スープストックの成功は，当時のトップの英断に他ならない」という未来日記的な記述があった。それは遠山正道がイノベーションの常識を変える企業とは何かについて熟知していたからであろう。

　スマイルズは2004年秋に「生活価値の拡充（日々の生活そのものを立ち止まって見つめ，生活自体に価値を見出し，それを少しでも拡げて充たしていけることのお手伝いをしていこう）」という経営理念を掲げ，それを支えるものを5つ挙げた。これは「スマイルズの五感」としてまとめられている。

　その中の1つに「低投資・高感度」がある。これは，従来のファストフードに対する「どうしてこうなっちゃうの？」ということへのアンチテーゼとして，焦点をしっかりと絞り込んだ。

　「どうしてこうなっちゃうの？」とは，ファストフード店特有の巨大電飾看板や内照式看板（例えば2階147席と大書したもの），極彩色のメニューなどは見やすさを強調したもの，つまりは自社の売上げだけを考えたものであり，周囲の環境への配慮を欠いているという意味である。

　そうではなく，投資は低めに抑え，足りないところはセンスや知恵で補えば良いと見なした。したがってスープストックトーキョーのロゴは，在りモノのフォント（Times New Roman）をそのまま使用し，色は墨一色という飲食店としては常識外のものを採用した。スープに色があるから，それを際立たせるためでもあった。

　スマイルズは当初，マーベリック・カンパニーとしての楽しさを失わないよ

うに，感性を重視した会社とすることがめざされた。

　仕事の仕方は，デザインや雑誌の編集，レコードの製作のような「プロジェクト型」とし，スーツもネクタイも着用しないで，異業種のタレントが意見を交換しながら物事を決めていくようなスタイルが試みられた。

　これを遠山正道は，その混ぜ合わせ加減から「スパゲティ型」と呼んだ。ただし，これでは攻めには強いが，守りには弱いということから，きちんと分業して各人・各店舗の業績に責任を持つような「定食型」へと移行した。

　それでも楽しさを失わないように，呼び方に工夫した。2004 年夏のことである。それは，売上げを客数と客単価に分けて分析する際に，明るく前向きに捉えるために，① 客数重視の販促を「ジャイアン」，② 客単価重視の販促を「スネ夫」，③ 両方に効果がある販促を「ドラえもん」と名付けたのだった。

　スープストックのコンセプト（女性一人でも安心して入ることができるお店）やイメージを組織で共有するためには「感度（味・インテリア・グラフィックなどに幅広く関連するもの）」を分け合うことが必要だった。そこで 37 歳の女性「秋野つゆ」という架空の人物（ペルソナ）を設定し，彼女が理想とする料理そのものが，スープストックトーキョーのめざすところであるとした。

　これにより，マーベリック・カンパニーの特質である「アイデアを共有する組織」を築いていった。例えば立地展開も，彼女が行くような街に出店するという方向で検討された。1 店舗目がお台場のヴィーナスフォートとなったのも，そこが女性をターゲットとしたショッピングモールだったからである。

　スマイルズは，スープに続く第二業態として，カレーやシチューなどのルー専門店として，トーキョールーという新しいアイデアを具現化した。カレーは国民食でありながら，ファストフードとしてのカレー屋はまだ少なかったので，そこに参入したのだった。ルー専門店としてなら，スープストックで培った統制ノウハウを活かすことができた。これもマーベリック・カンパニーの特質である。

　そうした運営展開をなす中で遠山正道は，まだ経営に必要なシステムや機能がほとんど構築されていないことに気づいた。そのため，自分たちは「野球

を4人（自身と常務，2人のゼネラルマネジャー）でやっているようなもの。互いに相手任せにせず，球が来たら，誰かが捕らなくてはいけない」「4人だから，走ったけど球が抜けた，では済まない環境になっている」と感じたのである。

　そうした中でスタッフ求人に使用した言葉は「誰にも似てない」という一言だけのものだった。スマイルズのクリエイティブディレクター・野崎亙は，これは同社の「たしなみ」を表していると言う。つまり，一つひとつの事業を借り物ではなく，自ら生み出し，ブランドとして育てていく。それも周囲の状況に過度に左右されることなく，「これがいい」と思えることを事業にしていくという姿勢であることを示していたのである。

4.　顧客との絆を取り戻す

　顧客との絆を取り戻す企業であるかどうかは，その企業のマーケティングとカスタマーサービスに着目することで判明できる。

　マーケティングは，市場に製品を出すだけでなく，企業の未来に向けた布石を打つという特別な役割を担う。そしてカスタマーサービスは，苦情の処理や問題の解決だけにとどまらず，企業が顧客と結んだ約束を確実に果たすという「良心」を守るということに責任を負う。

　こうした顧客との絆に関しての評価項目（ビルディング・ボンド・ウィズ・カスタマーズ）には，①「特色ある製品への要求は常にあるので，それに応じることができるか？」，②「全ての顧客の心をつかむことはできないので，ターゲットとする顧客層以外の者を無視できるか？」，③「ブランドが企業文化となることを理解して，ブランドを築いているか？」，④「広告に莫大な資金を投じるだけでは顧客との絆をつくれないことを分かっているか？」，⑤「顧客と最も価値のあるつながりを築くために必要な活動に資金を投じているか？」といったものがある。

　例えばドン・キホーテは，自社の企業原理である「顧客最優先主義」を徹底するために「売り場」を「買い場」と呼び，企業が売ろうとする場ではなく，顧客が買おうとする場と捉えて，顧客の要求に応じる姿勢をとっている。

そのための「双発エンジン」となっているのが「圧縮陳列（1坪平均約80アイテムの陳列量）」と「モノ言うPOPの洪水（顧客へのラブレターという位置づけで，商品のお薦め理由が自信を持って明確かつ具体的に断言されたPOPが店内の至る所で迫ってくること）」である。

　ドン・キホーテ創業者・安田隆夫は，この2つは極めて難度の高いスキルだと言う。そうした高難度のスキルを通じて，顧客との絆を形成している。また，ドン・キホーテは「ナイト・マーケット（深夜営業の市場）」を創出したと言われるように「昼のファミリー層」ではなく「夜のパーソナル層（若いシングル層やノーキッズカップルなど）」をターゲットとして絞り込んできた。

　特色ある製品への要求に応じることについては，1987年からカレーハウスCoCo壱番屋（1978年創業）が全店舗で始めたアンケート葉書も好例となる。

　CoCo壱番屋の社名は，創業直前の1977年に宗次德二が東京にカレー店の下見に行った時に決まった。話題のカレー店を食べ廻った結果，どこもスパイスの種類の多さや煮込み時間の長さなどにこだわっており，毎日食べたくなるようなもの（日常食）ではないことを知った。

　それなら自分たちがいま「バッカス」という喫茶店で作っている「普通の家庭的な味」が一番おいしいと確信した。つまり，自分の店のカレーが一番。「ここ」が「いちばんや」という意味でCoCo壱番屋としたのであった。CoCoとなっているのは，少しでもおしゃれになるようにと，ココ・シャネルのイメージから付けられた。

　そのCoCo壱番屋は，ライスの量，ルーの辛さ，トッピングを好みで決められるミックスメニューが最大の特徴である。そうしたカレーという特色ある商品を提供するために，顧客の意見を「生きた教科書」とし，まず創業者（宗次德二）自らがそれに目を通すことを続けてきた。店内で回収するのではなく，投函する形を取ることで，真の声を聞き出すことができた。

　郵送料は会社持ちになるが，顧客の正直な感想を入手することは，そのコスト以上の価値があった。アンケート葉書は「良い評価」「悪い評価」「メニューの要望」「出店その他の要望」の4項目に分けて，毎月『店舗運営ヒント集』（後

の『ここで良かった』）としてまとめ，各店舗に配布した。

　中でも顧客との絆のために貴重なものは，悪い評価である。① 注文のとり方（とり忘れ，とり違い），② 提供の遅さ，③ 私語の3つが上位にくる。これをCoCo壱番屋では「仕方のないこと」ではなく「あってはならないこと」として捉え，カレーを心地良く，満足して食べてもらえるような接客に尽力して「形で示す」ことを続けている。

　その企業精神が，同社の社是である「ニコ・キビ・ハキ（いつもニコニコ笑顔で，キビキビ働き，ハキハキ応える）」及び「謙虚に直向にそして果敢に（理論より実践，最初に理屈でなく最初は行動である）」に表れている。

　このようにCoCo壱番屋が顧客志向なのは，1号店が名古屋市郊外（西枇杷島町，現・清須市）に立地した12坪20席の小さな店舗だったことによる。つまり，立地が悪いところでの起業だったので，ひたすら顧客を大切にしようと考えたからだった。

　「ターゲットとする顧客層以外の者を無視できる」というマーベリック・カンパニーの特質については，ワタミによる株主の捉え方に見受けられる。

　2003年，ワタミの株主優待券を巡り，ある問題が生じた。株主優待券（食事券）が金券ショップで売られ，それをまとめて購入した者が週末のピーク時に宴会を行うということが立て続けに起こった。このことで店の売上げは伸び悩んでしまった。

　これに対して，ワタミの当時社長・渡邉美樹は「優待券は配当として渡したのではない。もし悪いところがあったら教えてください。いいところがあったら褒めてください。いい店を一緒に作っていきましょう。そういう意味を込めて株主優待券を渡したんです。それなのに，こんなバカなことがあっていいんですか？」と株主に問いかけ，優待券の使用を1人1回1,000円に制限し，さらに週末での使用を禁止することにした。

　これには反発の声もあったが，渡邉美樹は「自分たちだけがいい思いをして，会社なんかどうなってもいいという奴は株主なんかじゃない」と跳ね返した。ここには，株主は仲間であり同志であるという見解が横たわっている。会社は

株主と社員双方のものであり，お金を提供するのが株主，時間を提供するのが社員ということを明確にすることで，顧客でもある株主との絆を築いた。

　ただし，ワタミに関しては2008年に入社2ヵ月の社員が過労自殺したという「ブラック企業」としての側面を軽視できない。これについては稿を改めて検討する余地がある。ちなみに，この問題を題材とした小説に『風は西から』（村山由佳，幻冬舎　2018年，文庫版　2020年）がある。

　「ブランドが企業文化となることを理解して，ブランドを築いている」というマーベリック・カンパニーの特質については「ハイセンス，ハイクオリティ，リーズナブルプライス」の商品を提供しているファンケルの例が挙がる。

　1980年，池森賢二が化粧品による皮膚トラブルという社会問題に対し，そして実際に自分の妻も化粧品被害に遭ったことから「それならば私自身が解決しよう」という思いで，無添加化粧品の開発を始めたことがファンケルの創業につながった。

　化粧品の接触性皮膚炎は，化粧品が傷みやすいために防腐剤・酸化防止剤・殺菌剤・香料・色素といった添加物が使われることから生じるので，まずサンプル容器（1週間分の5mlだけ容れて使用期間を限定する形）での販売を行った。それは化粧品が1ヵ月で傷むということを知った上でのことであった。

　「1週間使いきり」「無添加」というファンケルブランドには，こうした企業文化の礎になる，明確な考えがあった。それは「真似をしない美学（絶対に他社の真似をしないこと。自分たちのオリジナルの組織できちんと販売すること）」に通ずる考え方である。

　「広告に莫大な資金を投じるだけでは顧客との絆をつくれない」というマーベリック・カンパニーの特質についても，ファンケルを例に見ると「内外美容（内からも外からも美容を心がけよう）」として，体の内側からもケアする「食べる化粧品」として「ビューティ・サプリメント」の事業を始めた時に，通常ならそのサンプルを「お試しセット」として無料で提供するという広告を展開し，そこに資金をかけるのであるが，ファンケルは有料として「1,000円のお試しセット」として販売した。

　これは池森賢二の「どんな小さな不満・不安・不便からの目をそらさないこと」「"不"の解決に挑むこと」「不満を満足に，不便を便利に，不快を快適に変えること」という経営哲学に沿うものであり，提供する製品に自信があるからこそでき得たことである。

　「顧客と最も価値のあるつながりを築くこと」というマーベリック・カンパニーの特質に関しては「真実の瞬間（顧客が企業の価値判断をする瞬間）」を無数に有する航空会社に顕著である。

　アメリカのジェットブルー航空（1998年設立のLCC）では，デイヴ・ニールマンがCEOの時に客室乗務員と同じエプロンを着用して飛行機に搭乗し，乗客へのサービスに務めることがあった。そうすることで，乗客が何を求めているのかが分かるのだった。

　つまり，機内にいることで，ニーズに沿った新しいサービス（空港ラウンジに無線LANの設備を整える。機内で高速インターネット接続を提供するなど）のアイデアを思いついたのである。

　これはCEO自らが顧客と直接的に接触して「いま・ここ」を体感するという活動が，顧客との最も価値のあるつながりを創り出せることの一例を示す。

　CEOが行動で表すと，社員もその後ろ姿を見て学び，組織内に良い雰囲気がもたらされる。そして顧客もCEOから直々の接客を受けることで忘れがたい経験を得るといった，各方面で好影響を与えることになる。

5. 仕事の仕方そのものを変える

　仕事の仕方そのものを変える企業であるかどうかは，その企業の人事や社員教育に着目すれば良い。

　前掲のカレーハウスCoCo壱番屋は1980年，5店舗目からFC展開を始めた。このFC展開において，独立したい社員のために1981年からブルームシステム（BS）という独自の「のれん分け制度」を設けた。これとともに一般加盟店の募集はいっさいやめることで，BSだけでFCを推し進めた。これが同社の多店舗戦略の柱となっている。

BSは，次のような9段階のステップアップ式が採られている。9等級：入社後オリエンテーションや1ヵ月カウンセリングなどの実施。8等級：洗い場を担当。店全体の仕事の流れを把握する。7等級：ライス盛りを担当。正確に，しかも手早くきれいに皿に盛ることができる。6等級：フライヤーを担当。同じテーブルのお客には同時にカレーを提供するのが基本。トッピングの揚げ時間をコントロールしながら調理できる。5等級：おいしいココイチのカレーの調理技術を身につける。4等級：マネジメント能力の習得。人件費の適正管理ができる。3～1等級（店長）：人・モノ・金を管理できる。店舗マネジメントもできる。

　こうしたステップアップのうち，3等級以上をクリアした社員が，独立する資格を得ることができる。独立できるかどうかは人事評価制度に則り，各店の店長とスーパーバイザーが，①接客，②調理，③清掃，④店舗運営の4つの指標から審査して決まる。

　こうした人的資源に関する評価項目（プラクティシング・ピープル・スキルズ）には，①「一流の人材は自身が向上できる環境を求めていることを理解しているか？」，②「人材採用の際に，一流の人材を見抜ける視点があるか？」，③「自社の職場を理解できるような求人広告を出しているか？」，④「社員の間に認識のずれがないようにするために，どのような工夫をしているか？」，⑤「組織の機能に独自性があるか？」といったものがある。

　外食産業の中でも，とりわけ人的依存の高い日本料理を中心とした店舗を展開する，がんこフードサービス（1963年，がんこ寿司として創業，以下がんこ）は「ローカルチェーン（地元に根ざし，日本文化を基盤とした和の専門店）」を実現するため，以上のようなマーベリック・カンパニーに適した人的資源を自前で育成している。

　一流の人材の求める環境への理解について，がんこは創業間もない頃に，熟練の寿司職人の中に混じって働いていた20代前半の若者に店長職を任せたことがある。年功序列志向の強い寿司職人の世界では異例のことであり，納得のいかない者は辞めていった。それでも，がんこは寿司職人の補充をしながら，

この店長を育成していった。

　これは，職能資格制度（能力を身につけさせてから，その任に就ける仕組み）という一般的な人事（卒業制度）の逆張りとなる「入学制度」である。しっかりとした考えを持ち，情熱のある者を，経験が伴わない段階で，その任に就けるのである。

　この逆張りは，創業者の小嶋淳司が高校生のときに経験を持ち合わせないまま，いきなり商売の世界に飛び込み，幾多の困難にぶつかるプロセスを通じ，ビジネスというものを学んだことによる。

　こうした入学制度は，がんこに一流の人材を見抜ける視点があることも示している。学歴や勤続年数，滞留年数にとらわれないで，その人の成長可能性を最重視する。そうしたがんこの人事制度には「才に報いるに官をもってし，功に報いるに賞をもってす」という西郷隆盛の思想が根底にある。これに関して小嶋淳司は，こういう例えをしていた。

　「蚤を1匹捕まえてきてコップの中に入れ，フタをする。蚤は跳躍力が高いから，大きく飛ぼうとしてフタにぶつかってしまう。最初のうちはフタを飛び越えようとして何度も飛び上がるが，次第にあきらめて，フタより高く飛ぶことを止めてしまう。後にフタを取り去っても，二度と高く飛ぼうとはしない」。

　人事制度にも同じことが言え，制度として制限をかけてしまうと，その人が成長するポテンシャルまでを奪ってしまうというのである。

　そのため求人の仕方も，とにかく「活人」を求め，情熱と意欲をもって挑む者を採用するという人事理念に基づいて行われている。これについて，志賀茂社長（当時）は「会社は従業員にとって，良き道具である。自分の人生の目標を達成し，自分の人間的な成長を図るために，人は会社に属する。みんなで共有する舞台だからこそ，みんなで会社を良くする。それが会社と従業員の関係ではないだろうか？」と述べていた。

　そうした社員の共有舞台において，社員間で認識のズレが生じないように，がんこは「教えない教育」をしている。社員の姿勢を「待ち（学びたいという飢えの欠如，創意工夫しなくなること）」から「攻め」に変えるためである。

これは，答えの書かれてある問題集を解いたり，犯人が分かっている推理小説を読んだりすることに似ていると，小嶋淳司は見なした。だから，問題解決の手法は教えずに，最初に高い挑戦目標を設定し，その業務に挑ませる教育方式に切り替えたのである。

　こうした教育方式をがんこは，テーマや学習期間も定められていない「塾」だと表現する。QC 活動や調理コンテスト，接遇コンテストは，その成果を競うためのモチベーションを高めるための催しである。

　寿司和食店業界における人材の特徴は，その流動性にある。幾つかの企業をわたり歩いて技術を身につける者が多い。そのため，企業理念を共有したり，帰属意識を高めたりすることが難しい。調理師世界特有の「部屋」という同業者組合的組織もあった。部屋が調理師の職場先を斡旋する仕組みである。

　がんこでは，この部屋からの派遣制度を止めて，新卒調理師の採用育成を開始するという組織機能に独自性を持たせた。3 年間で寿司の基本技術（握る，巻く）を習得できるように標準化したのである。

　その際には，熟練技術者の動作を分解してマニュアル化するという工学的アプローチを行うことで「技術は盗んで覚えるもの」から「訓練することによって習得するもの」へと変えた。

　それは 1987 年から本社に設立されたトレーニングセンターとして制度化された。実際にどこまでの技術が向上するかというと，2009 年の寿司講習（週1ペースで 4 回，計 360 分の集中訓練）では，握りのスピードは 10 個平均 120 秒が60 秒になった。計量器を使わずにシャリ 15 グラムを取る作業の誤差は平均 ±3 グラムが 1 グラムに改善した。

6. 戦略そのものとしてのマーベリック

　本章では，マーベリック・カンパニーの 4 つの特質から，その戦略の在り方を見てきた。企業の戦略についての定義は多種多様である。

　例えば，清水勝彦教授（慶應義塾大学大学院）は「ある一定の目的を達成するために，ターゲット顧客を絞り込み，自社固有の強み（ユニークネス）を用いつ

つ，競争相手と比べてより安い，または，より価値のある商品・サービスを提供するための将来に向けた計画」を戦略とする。

　また，谷口和弘教授（慶應義塾大学）は「異の力（超過利潤，もしくはレント）」を得るために行う意思決定や方法が戦略であると見なす。異とは，他とは違う存在になること。すなわち際立つことを意味する。企業がまとまりのある活動をして，際立つようになると，異の力が獲得できる。

　際立つためには，見えないコンテクストの変化を読み取る心眼が必須である。変化とは機会のことであり，心眼とは人に固有のものである。このことから，三品和広教授（神戸大学大学院）は，戦略とは属人的なもの（人に宿るもの）で，真の戦略とは「主眼に基づく特殊解」となると言う。

　曰く，人の対処の仕方は，その人の判断基準から決まる。それは KKD（観・経験・度胸）である，と。観には世界観・歴史観・人間観があり，それが事業観を決定付ける。経験は不確実な未来に立ち向かう時に拠り所とするものである。度胸の本質は自信であり，それを後ろから支えるものが観と経験である。

　こうした一連の日本の戦略論者が唱える戦略の捉え方は，マーベリック・カンパニーの戦略に同調する。要するに，戦略そのものがマーベリックであり，それを実践に移し，成果を確実に挙げることができる（戦略を計画通りに実行できる）から，マーベリック・カンパニーと成るのである。

　日本には本章で取り上げた以外にも，マーベリック・カンパニーの要素に満ちた企業が豊富に存在する。例えばワークマンは，職人向けの作業服や安全靴など約 1,700 ものアイテムを店内狭しと，ぎっしりと並べる専門店である。その中には，街着としても用いることのできるデザイン性・機能性の双方が高いアイテムも増えていた。

　そこで一般客向けに，そうしたカジュアルウェア（アウトドアウェア，スポーツウェア，レインスーツなど）を 320 点セレクトしたのが 2018 年，ららぽーと立川立飛に 1 号店として出店された「ワークマンプラス」という新業態（アウトドアショップ）であった。取り扱う商品は同じだが，既存のワークマンとは異なる内外装やロゴマーク，陳列方法，マネキンの設置などが施された。

ここでの要点は，商品を変えずに売り方を変えただけで，客層を拡大し，売上げを伸ばしたということである。2020年には，女性向けアウトドア商品を充実させた「＃ワークマン女子」の1号店を横浜の商業施設コレットマーレに開業した。

　これはまさに独自な発想に基づいて，挑戦的にビジネス展開をする企業（マーベリック・カンパニー）の姿をなぞるものである。今後，日本企業の特性を探り出す際には，マーベリック・カンパニーの評価基準で捉えることも有意義な視点である。

〈本章を身近に感じるためのエクササイズ〉
　1. 本章で取り上げられているもの以外で「その企業独自のボキャブラリー」にはどのようなものがあるか調べてみよう。
　2. スープストックトーキョー以外で「ペルソナを設定したビジネスや商品」にはどのようなものがあるか調べてみよう。
　3. 本章で取り上げられている企業以外で「顧客との絆を保っている企業（小売店や飲食店など）」にはどのようなところがあるか調べてみよう。
　4. 本章で取り上げられている企業以外で「独自の社員教育を行っている企業」にはどのようなところがあるか調べてみよう。

第4章　アルファドッグ・カンパニー：「良い装備」で卓越する企業

〈本章を理解するためのキーワード〉
良い装備，社会的機能，攻撃的な好機，オフラインの底力

1. 「アルファドッグ・カンパニー」とは何か？

　アメリカの起業家や中小企業のトレンドに精通しているフェン（ジャーナリスト）は，ローテクな小企業でも，その業界のリーダーとなっている企業を「アルファドッグ・カンパニー（小さな最強企業）」と見なす。「アルファドッグ」とは，群れの中で先頭を走る犬のことである。

　大企業のように大きな組織ではなく，そうしたアルファドッグであっても，その活動に秀でたものがあるならば，光の当て方次第では，その姿の後ろには大きな影が映る。光とは企業の捉え方（分析視覚）であり，大きな影とは卓越した部分のことである。

　大きな影には，単にモノを作ったり売ったりするのではなく，商品の性能や店舗での対応，従業員の態度を良くすることで，しばらくその余韻を残すことに成功している姿が映し出される。それは顧客が期待していた以上のことをしているからである。これをフェンは「良い装備（グッド・アウトフィット）」と表現する。

　このようなアルファドッグ・カンパニーのキーワードには，① 顧客サービス，② 従業員の参加（エンゲージメント），③ テクノロジーの利用，④ コミュニティとのつながり（コネクション），⑤ イノベーション，⑥ ブランド力の強化（ブランディング），⑦ 連携・協力関係の構築（アライアンス），⑧ 自己革新（リ・インベンション）が挙がる。

　こうしたアルファドッグ・カンパニーの特質は，かつてドラッカーが示したマネジメントの本質と同調する。ドラッカーは，ほとんどのビジネススクールでマネジメントは予算管理などの手法の集合体として教えられるが，そうした手法や手続きは，マネジメントの本質ではないと見なした。

例えば，医学において検尿が重要な技術であっても，それが医学の本質ではないことと同じで，マネジメントの本質は知識を生産的にすることにあり，それは「社会的機能」であると唱えていた。

このドラッカーの視点からみると，アルファドッグ・カンパニーも顧客サービスや従業員の参加，自己革新などの社会的機能を通じて，知識を生産的にし，良い装備を創出していると見なすことができる。

例えば「自然，健康，本物を追求する」を基本コンセプトとして「熟成やずやの香醋」「雪待にんにく卵黄」「養生青汁」などの健康食品の通信販売を行う「やずや」は，社長室や会長室をなくすことで，現場からのアイデアがマネジャーにまで届きやすくしている。

そうした「やずや」のユニークな制度に「ぶらぶら社員」というものがあった。出社は月に1度の提案会議への参加だけでよく，学歴・職歴・国籍は不問，女性限定というもので，業務は各地をぶらぶら歩くことを通じて，新商品のアイデアを持ってくることであった。これにより「雑穀」を用いた商品が生まれたりした。知識を生産的にするというマネジメントの好例である。

他にも，制服を女性従業員に選んでもらったり，社内に保育園を設立したり，従業員の健康管理のために250円という採算性を度外視した，ボリュームたっぷりのランチを提供する社員食堂を設けたりするなど，知識が生産的になることを支える職場環境を整えていた。これには「まず社員を幸せにしないと，お客さんを幸せになんかできない」という考えによるものだった。

もう一例を挙げよう。アート引越センターを運営するアートコーポレーションは，運輸業を営んでいた寺田寿男が自社のトラックを流用して行える派生ビジネスとして始めた会社であった。

トラックは運輸用だったのでコンテナ付きだったが，顧客はそれを「雨に濡れない」「荷物を紐でくくる必要がない」「他人に荷物を見られない」と高く評価した。コンテナ輸送が顧客サービスの象徴となり，それが業界のスタンダードになったのである。

また，従業員には運輸業界からの人材は採用しないことで，自社が「生活総

合サービス」という新しいビジネス領域を切り拓いていくことを強調した。「色の付いた者」は雇用しないという独自の従業員の参加方法を選択したのである。

　顧客が見積もりの依頼電話をかけ，営業マンがその依頼先から本社にトラックの空き状況などを確認した時には，その通話料として「金ぴかの十円玉」を2枚小さい封筒に入れ，電話のそばに置いて帰ったり，転居先に家財道具を運び入れる際に従業員が靴下を履き替えたりするといった細やかな配慮をなした。

　さらには，転居先で近隣に挨拶をする際に振る舞う品物を同社の企画商品として提供する「よろしくサービス」，エプロンレディが荷解きを代行する「アートエプロンサービス」といった自己革新をなすことで，知識を生産的にして良い装備を身につけていった。

　同社は当初，寺田運輸引越センターと称していたが，電話帳で探すときに最初に目につくようにと「あ」から始まる名前が良いと考えた。さらには，ひらがなよりもカタカナのほうが先に並ぶので「アート」という名称を持ってきて，それに続く言葉には分かりやすいように「引越センター」と付けた。

　電話番号については覚えやすく，上り番号で縁起の良い「0123」を選んだ。キャッチコピーは「奥さま，荷造りご無用」とした。ターゲット層と付加価値サービスを明確にしたものを据えることで，同社の社会的機能を伝えやすいものとした。

　本章では，こうしたアルファドッグ・カンパニーのキーワードについて「ぴあ」と日本香堂の事例から解釈することを通じて，アルファドッグ・カンパニーへの理解を深めていく。フェンが捉えた事例は，アメリカの昔ながらの街のローテク企業7社（自転車ショップ，アイスクリーム店，靴下メーカー，クッキー会社など）だったが，その視点が日本企業にも適合することを試してみたい。

2. 「ぴあ」に見る社会的機能と「良い装備」

(1) 顧客サービス

　『ぴあ』（以下，雑誌の『ぴあ』を示す場合は二重括弧とし，社名の「ぴあ」と区別する）は 1972 年，中央大学 4 年生だった映画好きの矢内廣が，同じ中央大学映画研究会仲間の黒川文雄，林和男とともに創刊した総合情報誌（映画や演劇，コンサートなどの上演情報を掲載した雑誌）である。2011 年 7 月に休刊となるまで 39 年間にわたり刊行されてきた。

　「ぴあ」という名前に特に意味はなく，より多くの人に受け入れられるように，耳触りが良く，覚えやすいものという理由から付けられた。当時は『平凡パンチ』『週刊ポスト』『ポパイ』『プレイボーイ』といった「パピプペポ」が語頭の雑誌が売れていたので，まだ使われていなかった「ピ」を採用したとされる。株式会社として法人登記されたのは 1974 年である。

　『ぴあ』の表紙のイラストは最初の 3 号目までを，矢内廣のアルバイト先である TBS でテロップを書いていた高比良芳美が務め，それに続く 3 年弱は湯浅一夫が受け持った。その後，休刊するまでの 36 年間は及川正通が担当した。このことから 2004 年には「同一雑誌の表紙イラスト制作者として世界一長いキャリア」として，ギネス世界記録として認定された。

　インターネットのなかった時代において『ぴあ』での情報は，若者のライフスタイルの形成と充実に大きく貢献した。1980 年代後半のピーク時には，発行部数は 53 万部を記録した。

　『ぴあ』創刊当時，「どんな映画が，どこの映画館で，いつ上映されており，いくらであるのか。また，その映画館までどのように行ったら良いのか」といった情報をひとまとめにして伝えるメディアは皆無だった。新聞の劇場案内の 3 行広告や『キネマ旬報』の名画座情報はあったが，網羅的なものではなかった。

　映画に加え，芝居やコンサート，展覧会など，あらゆる文化的な催し物のインフォメーションが 1 ヵ月分載った雑誌があれば，かなりの市場価値はあると，大学 3 年時（1971 年）の矢内廣は実体験から感じ取っていた。

(2) 従業員の参加

　1975 年秋，従業員が 10 〜 15 人ほどの頃，給料がもらえるアルバイト第 1
号として，岩田益吉 (当時，日本大学生) が「ぴあ」に入ってきた。彼の仕事は，
在庫置き場である倉庫の片隅に置かれた，たった 1 つの机から名画座に電話を
かけて，上映情報を聞くことであった。

　冬場は寒く，ストーブもなかったので，毛布にくるまりながら，全ての名画
座に電話しては，メモを取っていたという。こうした仕事も厭わないでできる
のは，彼が『スクリーン』や『キネマ旬報』などを愛読してきた映画ファンだ
からだった。音楽も好きであったが，日大卒業後には内定していた音楽系の出
版社への入社を断り，改めて「ぴあ」の入社試験を受け，正社員となった。

　創業メンバーの 1 人である林和男は大学卒業を機に，コピーライターとして
読売広告社に入社したが，映画監督志望だったので，夜間にはシナリオセン
ターのシナリオ教室にも通った。そこで映画作家を志していた増渕幹男と出会
う。そうした林和男は『ぴあ』が取次を通すようになった頃に「ぴあ」に戻っ
てきた。

　そのときに増渕幹男も誘い，契約スタッフとなり，映画館を回り，後述する
ような「マルぴマーク」加盟店の増加に尽力した。そこでは劇場の支配人から
「配給会社から売り込まれた作品からどれを選んでいいのか，いつも悩んでい
る」といった相談も受けたので，2 本立ての組み合わせの手伝いもした。彼も
また，改めて「ぴあ」の採用試験を受けて正社員となった。

(3) テクノロジーの利用

　1979 年から日本で実験が始まった「キャプテンシステム (電話回線を利用し
て，文字・画像・動画を送受信するコンピュータ・ネットワーク・システム：郵政
省と電電公社の共同開発。新聞社やテレビ局も参加)」に「ぴあ」は積極的に参加
し，チケット流通ビジネス「チケットぴあ」につながる足がかりとした。この
参加を通じて「ぴあ」は自らを単なる出版社ではなく「情報伝達業の会社」で
あると規定し直した。

「チケットぴあ」を始めるには，ホスト・コンピュータが必要となるが，その購入について矢内廣は，当時の電電公社の真藤恒総裁に協力を仰いだ。その際には次のような趣旨を説明し，承諾を得た。

　「（電電公社は）センターに大掛かりなシステムを置き，初期投資をかなりし，電話回線が常にひかれている。「ぴあ」は，その電話回線を使ってチケットビジネスを行いたいが，それには高額なコンピュータが必要である。そこで電電公社で，このコンピュータを買い上げてほしい。「ぴあ」がその使用料として，3分10円とは言わないが，払うという構造をとってほしい」。

　ここに横たわる真意は，ほとんどが遊休状態の電話回線の有効活用であった。そうして始まることとなった「チケットぴあ」は，下記に見る「ぴあテン＆もあテンフェア」で信頼関係を築いていた劇団四季の芸術総監督・浅利慶太からの依頼で「キャッツ」のチケットを販売することでプレスタートを切った。

　浅利慶太は，ブロードウェイのようなロングラン公演をしてみたいと思っており，それが成功するには，① 良いコンテンツ，② 小屋，③ コンピュータでチケットを売るシステムだと考えていた。① については「キャッツ」の権利を得ており，② についても新宿区に空地を1年間借りたので，そこにテント（キャッツシアター）を建てるので問題はクリアになっていた。

　③ については，それまでのような劇団員による手売りでは，とてもさばききれないので「ぴあ」に委ねたというわけである。結果として1983年11月に初演を迎え，以後「キャッツ」は2007年に通算5,000回公演を数えるに至ったが，そこには陰の立役者として「チケットぴあ」の存在が確かにあった。

　1984年に「チケットぴあ」は本格的に始まり，1986年からは関西地区でもスタートした。1993年にはPコード（音声自動応答によるチケット予約）を関東地区で開始した。1997年からはウェブサイト「＠ぴあ」を開設し，1999年にはファミリーマートと提携して，チケット販売ウェブサイト「＠チケットぴあ」を始めた。

(4) コミュニティとのつながり

「ぴあ」は自主映画や自主上映を応援するべく，1976年に第1回となる「ぴあシネマブティック (PCB)」という上映イベントを開催し，大林宣彦らの監督作品を紹介した。

PCB は新人映画作家が作品を発表できる貴重な場となり，「ぴあ」はクリエイターとのコミュニティを堅固なものとした。このイベントの続編では，森田芳光や犬童一心，手塚眞らの作品や，アメリカからはジョージ・ルーカスやスティーブン・スピルバーグらが学生だった時の作品が上映された。

一方で，オーディエンスとのコミュニティづくりにも力を入れた。1976年には東映大泉撮影所を2日間借りて，34時間オールナイトのイベント「第1回ぴあ展」を開催した。この準備中では，大森一樹や井筒和生 (現・和幸) らがプリントを「ぴあ」に持ち込んできた。プログラムは，映画では彼らの作品上映と対談を始め，20代でデビューした監督 (小津安二郎，寺山修司，チャールズ・チャップリン，スティーブン・スピルバーグなど) の作品が上映された。

他にも，演劇では東京ヴォードヴィルショーなどが，音楽では古井戸らが出演し，どの部門もその内容に観客は大満足した。結果的に「ぴあ展」は1回だけの開催であったが，映画・演劇・音楽といった各部門での才能ある若手を1つの場所に集め，彼らのパフォーマンスをライブで感じられる場を創出したことで「ぴあ」は観客とのコミュニティー関係を深めることができた。

「ぴあ展」のエッセンスの1つである自主映画の上映は，1981年からは「ぴあフィルムフェスティバル (PFF)」と名称を新たにして受け継がれた (これは黒川文雄が担当した)。1982年には，大学生だった中島哲也 (後の監督作品に『告白』2010) の作品が入選するなど，才能発見の場となっている。

1984年からは映画製作の資金援助として「PFF スカラシップ」を開始した。「ぴあ」が300万円の製作費を PFF のアワード受賞者に提供するとともに，プロのスタッフが映画製作に協力した。この PFF グランプリを獲得した映画監督には『スウィングガール』(2004) の矢口史靖 (1990年グランプリ)，『悪人』(2010) の李相日 (1999年グランプリ) など枚挙に暇がない。

また『ぴあ』誌面では 1975 年から読者投票による「ぴあテン（最新の映画・音楽・演劇などの人気投票）」や「もあテン（もう一度観たい映画などの人気投票）」を行っており，それらの受賞作品の上映も，コミュニティとのつながり強化に貢献した。

　特に「もあテン」で 6 回（1975, 1976, 1977, 1978, 1980, 1981 年）1 位となった，スタンリー・キューブリックの『2001 年宇宙の旅』は，最初の公開以来一度も再上映されていなかったので，リバイバル公開されるなど，映画会社（MGM）をも動かすほどの勢いがあった。

　また，1978 年からは毎年「ぴあテン＆もあテンフェア」として，映画上映や演劇，音楽のイベントが開かれた。これは，投票してくれたファンに対するアーティストからの感謝の場という位置づけだった。

(5) イノベーション

　『ぴあ』は，他の情報雑誌が若者をある特定の方向へと導くことに主眼を置いていたことに対して「主張をしない発信」にこだわった。

　例えば『POPEYE』や『平凡パンチ』は，世界でも最先端の（サイバーな）ファッションや文化といったものを紹介し，それらを日本仕様にすることを基本とした。つまり，起源（オリジン）を国内ではなく，海外に求め，それに付いて来れない，あるいは来ない者は置いていくという排他的な情報雑誌が多かったのである。

　それに対して『ぴあ』は，あくまでも「街案内」としての機能に特化し，メジャー，マイナーを問わず，文化情報を分け隔てなく対等に扱い，思想性や批評性はいっさい排除した。編集部では色を付けず，平等に掲載された情報の取捨選択は読者に委ねたのだった。

(6) ブランド力の強化

　1972 年，4 号目の『ぴあ』では，誌面のレイアウトを西川恭共が担当し，ぴあのロゴマークも刷新された。これは後に PAOS（デザイン経営コンサルタント

会社）により，リファインされた。

　また 1978 年には，都内の映画館や劇場，ライブハウス，美術館などの地図を案内した「ぴあ MAP（新宿，渋谷，銀座などエリアごとに掲載）」を作成し，1982 年にはムックとして『ぴあ MAP』を発売し，売上げは 50 万部を超えた（『ぴあ』本誌とムックの出版は林和男が担当した）。

　『ぴあ MAP』はタウン誌の先駆けとなり，後の『Hanako』や『東京ウォーカー』などに大きな影響を与えた。さらには，日本の出版地図の金字塔とも言われ，それ以降の地図デザインの基本となった。

　また『ぴあ手帳（後の「ぴあダイアリー」。2013 年版をもって廃刊）』や『TV ぴあ』『ぴあシネマクラブ（洋画編・邦画編）』なども発売して『ぴあ』を基軸とした「ぴあブランド」を強化していった。1985 年には『ぴあ』関西版，1988 年には『ぴあ』中部版が創刊され，主軸ブランドの全国展開も促進した。

　1988 年には期間限定で，旧汐留駅跡地にロック・ミュージシャンが理想とするライブ空間として，PIT（ぴあ・インターメディア・シアター）を完成させ，映画から音楽へとのイメージの幅を広げ，エンターテインメント情報を提供する会社としてのブランドを確立していった。

(7)　連携・協力関係の構築

　『ぴあ』の創刊には，2 人のメシア（救世主）が存在する。1 人は，当時の紀伊國屋書店社長・田辺茂一であった。彼が『日本読書新聞』に載せた「書店のマージンをもっと引き上げないと，日本の出版文化は消滅してしまう」というコメントに，矢内廣は共感した。

　矢内自らも，取次を通さずに書店と直接やり取りをする「直販」をめざしていた。直販なら，取次へのマージン分を書店に渡すことができるので，互いにメリットがあるだろうと，田辺茂一のもとを訪ねた。

　田辺茂一は，矢内廣の話を途中で遮って「そういう難しい話は俺じゃダメだ」と言い，もう 1 人の救世主となる，日本キリスト教書販売の専務だった中村義治（後の教文館社長）に，その場で電話をかけて「これから活きのいい若いのが

1人行くから」と告げた。

　そのまま中村義治のもとに向かった矢内廣は「雑誌は出版のプロが作っても，うまくいかないものだ。傷口が広がる前にやめたほうがいい」と釘を刺されたものの，その熱意に感じるところがあり「いったい，どこの本屋に置いてほしいのか。明日，置いてほしい本屋のリストを持って，もう一度来なさい」と告げた。

　これを受け，矢内廣は仲間と，都内の約100件の書店リストを作成し，翌日にそれを携え，再び彼のもとへと向かった。それを受け取った中村義治は「明日の○○時にまた来なさい」と言った。言われたとおりに3回目の訪問をすると，そこには矢内廣たちがリストアップした全書店の社長に宛てた紹介状が山積みにされてあった。自分の署名・実印を押した，その紹介状を持って書店回りをしなさいということであった。

　実際『ぴあ』創刊号は100店ほどに置かれた。1万部を刷って2,000部ほどの売上げであった。これを受け2号目は2,000部刷って1,400部の実売だった。3号目では2,200部という創刊号を超える売上げを示した。

　普通なら創刊号の返品率が80％だった時点で，撤退を考えるところである。だが，むしろ宣伝なしで，創刊号が1店舗当たり約20部売れたところに，矢内廣は手応えを感じた。そこで4号目では既述したようなマイナーチェンジを行い，さらに事業に注力したのだった。

(8) 自己革新

　『ぴあ』創刊時の課題の1つに，映画配給会社からの広告をいかにとるかということがあった。これは，特別試写会に参加応募ができるシールをつける形で実現した。当初の『ぴあ』は読者数が少なかったため，試写会の当選確率は高かった。

　試写会参加が目当てで『ぴあ』が購入されるのであれば，名画座に『ぴあ』を持参すれば割引になるサービスを付けると，なお買い求められるだろうと矢内廣たちは考えた。

そこで，東京・神奈川・千葉・埼玉の名画座を1軒ずつ回って『ぴあ』をチケット売り場で提示すると100円割引してもらえるように交渉した。承諾を得た劇場には「マルぴマーク」が貼られた。「150円の『ぴあ』を買って，名画座で2回見れば，雑誌代の元が取れる」という触れ込みで『ぴあ』の知名度は高まり，売上部数も増加傾向となった。

このように地道に「ぴあ」が自己革新していく過程で「うちにも『ぴあ』を置いてほしい」という書店からの問い合わせが相次いだ。さらには，取次からも「『ぴあ』を取り扱わせてほしい」という連絡も入ってきた。そうして1976年からは取次との取引が始まり，自前での配本（直配）はしなくて済むようになった。

このことで『ぴあ』が配本される書店は1,600店舗から5,000店舗へと一気に拡大した。これにより「ぴあ」は雑誌の編集活動だけに力を入れるだけで良かった。

1979年には，月刊だった『ぴあ』が隔週化となるとともに，キヨスクでの販売も開始された。週刊化したのは1990年のことであり，その2年後の1992年（創業20年目）にはPFFの活動で，企業メセナ大賞特別賞を受賞した。

3.　日本香堂に見る社会的機能と「良い装備」

(1)　顧客サービス

日本香堂は，それまで単に「煙が出れば良いお線香」と思われていたモノに，香（こう）という付加価値を与えた。2000年，その付加価値をアピールするために付けたフレーズが「香りときめき…」だった。「あなたの好みの香りを…」と提案したのである。これにより，お線香が実用品ないし日用雑貨品から嗜好品へと変わっていった。

現在では，どのメーカーのお線香も，香り機能を備えているので，その点での差異化が図れなくなっている。日本香堂は，その次の段階での顧客サービスをなすために，2つの方向性を採った。

1つ目のキーワードは「時間軸」である。先祖と子孫という時間軸の中で，

自身の時間軸を延長すること。つまり人生を長くするという意味である。そのためには健康でなければならないので，お線香で健康になってもらおう。健康の大敵であるストレスを，お線香で解消してもらおうという考えである。これは「癒しから治しへ」というコンセプトに基づく健康領域への進出であった。

　2つ目のキーワードは「文化関連」である。例えば奈良の国立博物館の売店で土産として自社商品を販売することや，母の日に「亡き母に贈るお線香」というイベントツールとして使用されることなどである。

(2) 従業員の参加

　日本香堂は2003年にベトナムのハイフォンに100％自社資本の現地法人（日本香堂ベトナム）を設立し，そこをアジアの生産拠点としている。今後，ベトナムの人件費が高騰したとしても，さらに安い人件費を求めて他国に移るというような「焼畑農業」はしないとする。

　そうではなく，ベトナムの人件費が上がったら，ベトナム工場を中核として，一部を安価な場所に移す。その際，ベトナム人は幹部として，新設の工場の熟練工ないし管理要員として関わってもらう計画である。つまり，ベトナム工場を未来の「核拠点」として位置付けているのである。

　そうした日本香堂ベトナムの経営コンセプトは「コンパクト＆フレキシブル」である。工場規模は背伸びをしない程度にとどめておき（コンパクト），工場敷地は借地として，施設の拡充・縮小は柔軟にできる態勢をとる（フレキシブル）というものである。

(3) テクノロジーの利用

　日本香堂は，お線香が「何々によく効く」というフレーズを用いない。「微煙香（煙の少ないお線香）」や「色線香（色の付いた煙が出るお線香）」を他社が開発した時も，日本香堂はそれを追随して販売はしなかった。それらの品質と安全性が十分に検証されない限り，急いで売り出してはいけないと小仲正久代表取締役会長が戒厳令をしいたためである。

　その理由として，まず，お線香は「効用」という直截的な表現で顧客を引き付けるような商品ではないからである。あくまでも「心」に響いてこそ価値のある商品なので「○○に効くのでお使いください」とは言えないということである。

　また，例えば「微煙香」が開発段階をクリアしたとしても，直ちに発売するというのは顧客への「礼」を欠くからである。日本香堂は，お線香のトップメーカーとしての矜持（プライド）を持っている。その実力からすれば「微線香」でも「色線香」でも，いち早く発売することはできた。研究所には世界屈指の研究者が揃っていて，研究開発力・技術力は世界でもトップクラスだと自負しており，微煙や色煙の研究も業界では最先端にあった。研究開発費も十分に投じている。

　だからなおさら，緊急発売といったようなことはしないのである。長期的視野に立てば，急ぎ働きは「急ぎすぎ」のつけを結局どこかで支払うことになると，小仲正久は見なすのである。

　「私たちは『本物』を志向するからテクノロジーをどこまでも追求する。しかし，そこで追求されるハイテクノロジーは，あくまでも『本物』を求める心に裏打ちされていなければならない。単に生産効率を求めるためだけの，あるいは『売らんかな』の欲望を丸出しにした新商品開発のためだけの技術革新であってはいけないのである。肝心なことは，心をつなぐ『本物』を作り出すことなのである」という小仲正久の発言には，日本香堂の社会的機能の本質をうかがうことができる。

(4)　コミュニティとのつながり

　お線香の原料は，香木である。主な香木には「白檀（びゃくだん）」や「沈香（じんこう）」（沈水香木（じんすいこうぼく）とも言われる）などがある。こうした香木を海外から調達する際に，日本香堂はその国における環境への配慮を怠らない。小仲正久は「相応のお返しをすべき」と考えた。

　まずは植林というお返しである。東南アジアで植林事業を行っており，山か

ら木を伐採した際には，相応の植林をしている。南米においては，通常の植林に加え，香木の植林も行う。こうした植林事業は，現地での雇用創出にもつながる。木は植えてから成木になるまではかなりの時間を要するが，日本香堂は長期的視点に立ち，香木調達先国とのコミュニティ化を図っているのである。

(5) イノベーション

　日本香堂がグラフィックデザイナーの松永真に「まずデザインありき」として，全面的に開発を依頼したブランドが2007年に発表された「ISSIMBOW（第9回亀倉雄策賞受賞）」である。その商品名は984年に医家の丹波康頼が編纂した医学全書「医心方」に由来する。「医心方」は，それまでの健康に関する書籍を網羅的に集め，心身の健康についての対処方法をまとめた，全30巻からなる大書であり，現在は国宝として東京国立博物館，仁和寺に保存されている。

　「ISSIMBOW」は，この「心身の健康」というコンセプトを取り入れた。香が文化と健康（薬効）という2つの価値を有する日本の文物であることに着目し，「ISSIMBOW」の個別ブランドとして「健」「美」「活」の3種類からなる「KATACHI-KOH（形香）」を立ち上げた。これは「医心方」に記載されているテーマごとの関連生薬に，日本香堂の技術とノウハウを取り入れ，開発した香ブランドとなった。この香で心を癒し，そのことで体も癒されることを狙いとしたのである。

　「ISSIMBOW」は，日本香堂が「圧倒的な新しいお線香のパッケージデザインをお願いしたい」と，松永真に依頼したことに始まるものだが，当初，松永真はこの依頼を断ったという。

　なぜなら，これまでの依頼というのは，ブランドのコンセプトと商品のコンセプトが決定し，プロジェクトが終わりにさしかかったときに頼まれ，表層だけ（お化粧直し的な）仕事ばかりであったからである。そうしたバトンリレーの終盤で「圧倒的なデザイン」はとてもできないというのが断った理由だった。

　だが後日，改めて小仲正久が直接，依頼をしに訪れた。半日に及ぶ，その際の「お線香とは何か？」「お線香が人々にどのような作用や働きをもたらして

いるのか？」といった会話から「ISSIMBOW」のブランドコンセプトが，現
代人の永遠の願いである「ウェルネス」に定まった。

　商品コンセプトも「より健やかに　より美しく　より活々と」を実現するこ
とに決まった。こうして「ISSIMBOW」は，松永真がプロジェクトの立ち上
がりから携わることで，そのコンセプトがブレることなく商品化に結びつい
た。これは本書第7章で見るデザイン経営のセンスそのものである。

　日本香堂は，この数年前の2004年に「まずパッケージありき」として「青
雲アモーレ」を開発していた。パッケージデザインは，日本香堂のロゴマーク
を制作したイタリアの建築家，イタロ・ルピに依頼し，パッケージの能書きに
は谷川俊太郎の「愛」をテーマにした詩を使用した。

(6) ブランド力の強化

　1965年頃の日本香堂の2大ブランドは「蘭月」と「毎日香」であった。こ
のうち「蘭月」は，孔官堂という大阪の会社のブランドであり，関東地区での
製造・販売権を借りていた。つまり，当時の社名は東京孔官堂であり，孔官堂
の子会社だったのである（日本香堂への社名変更は1966年）。

　そうした状態のとき，孔官堂が日本香堂を傘下に入れたいという要求が来
た。さもなければ「蘭月」の製販は認可しないというのである。当時「蘭月」
は日本香堂にとって売上げの6割を占めていた。その他に販売している孔官堂
ブランドの「仙年香」と「松竹梅」を合わせると7割に達していたが，傘下に
は収まりたくなかったため，この要求を断った。

　こうして「毎日香」だけが主力ブランドとなってしまったので，日本香堂は
1965年に「青雲」という商品を自社開発することで「蘭月」の穴を埋めるこ
とにした。このとき，「青雲」のブランディングに大きく貢献したのが，お線
香としては異例のテレビコマーシャルだった。これには，創業者・小仲正規が
口癖のように言っていた「お線香は地味な商品。だから華やかに売ろう」とい
うことの実践でもあった。

　1966年に始まったテレビコマーシャルには「強く生きよう，青雲！」とい

うキャッチコピーが付いた。その意味するところは、それまでのお線香のコンセプトであった「失ったものへの鎮魂歌（過去）」に「明るい未来を志向する讃歌（将来）」を加えるというものだった。仏壇や法要などの仏事に欠かせないモノという従来の価値（変化しない価値）に「心の平穏や癒し」という新しい価値（変化する価値）を付加することで、ブランド力を強化した。

　こうしたお線香のブランド化が「家業」から「企業」への転化を促した。1986年の知名度調査においては「毎日香」が92.6％、「青雲」が92.0％という高さであった。

　グローバル展開においては1990年代に、フランス・モンペリエの「エステバン（ルームフレグランスのトップメーカー）」を買収し、さらにはアメリカ・シカゴの「ジェニコ（インセンスのトップメーカー）」も買収した。グローバル市場では、ハイエンド・ブランドに「エステバン」を、コモディティ・ブランドに「ジェニコ」を置き、その中間に「毎日香」「青雲」を位置づけ、どのブランド層においても「香りのパートナー」としての存在感を強めている。

(7) 連携・協力関係の構築

　日本香堂は、1947年に「毎日香」を発売したが、これはお線香業界の老舗、鬼頭天薫堂から譲り受けたものだった。創業者の鬼頭勇治郎は調香技術者であり、1909(明治42)年に3年間の開発期間の末に完成させたのが「毎日香」であった。

　鬼頭勇治郎は日露戦争で戦った経験があり、故郷の堺に戻った時、線香問屋でお線香を仕入れては、それを売り歩いていた。そうすることが亡くなっていった戦友に対し、生きて帰ることのできた自分がなすべきことだと信じていたのである。

　やがて、自分でもっと良いお線香を作ろうと思い立ち、行商を続けながらも、夜になれば調合・練り・乾燥に明け暮れた。そうしているうちに、お線香とは、人の死を弔うためだけでなく、生きている人たちがそこから元気を得るためのモノでもある。つまり、お線香から生きる活力を得るのだと確信した。

　そうして完成させた「毎日香」であるだけに，これを何とかして世に残したいという思いから，日本香堂に商標権を与えたのである。同じ関西の同業者ではなく，東京で新しい薫香の道を開拓しつつあった小仲正規に譲渡したのも，彼がお線香というモノを最も良く理解していると見込んだからだった。それは「私は会社に譲るんじゃない。小仲さんという人物に私の毎日香を託すんです」という鬼頭勇治郎の言葉ににじみ出ている。

(8)　自己革新

　日本香堂の販売するお線香は，かつては店頭には出されず，店の奥に置かれており，注文があると奥から出してくるような「陰の商品（非日常で使用する商品）」であった。

　店頭に置かれるようになったのは，昭和40年代に「青雲」がテレビコマーシャルを始めた頃からだった。「抹香くさい」「不幸の象徴」というイメージが強く，「悲しみの儀式を演出する商品」「ある特定シーンのみに必要とする商品」であるお線香を日本香堂は「陽の商品（日常で使用する商品）」へと変えていった。

　お線香が仏教伝来とともに「祈りの香」として伝わった歴史あるものであり，『源氏物語』では香が貴族階級の人々の生活に欠かすことのできない文化になっていることに着目すれば，決して陰の部分だけではない，ポジティブな側面があると捉えた。

　仏事で使用されるお線香だけにとどまらず，もっと広い範囲でお線香という「香の商品」が使われる生活のシーンを提供しようとしたのである。例えば1日に1回「考える時間」を持つときに，香が嗅覚を刺激し，瞑想に導くようなモノとして位置づけた。「弛緩した時間」「お線香タイム」という時間帯のプロデュースであり，お線香がそれを演出するツールとなる。

　お線香は日本人の心のふるさとであり，豊かな心を育み，心を癒す香りである。これがお線香の本質だと小仲正久は見なす。このように香を楽しむ，香を癒し（ヒーリング，リラクゼーション）のために使うということを提案して，日

本香堂は国内お線香市場でガリバー・シェアを獲得できたのである。

　こうした日本香堂の企業変革のあり方を，アメリカの高級デパート，ノードストロームの副社長を務め，『サービスが伝説になる時』などの著作があるベッツィ・サンダースは，外部の圧力に対抗する場合の「防衛的な圧力（ディフェンシブ・プレッシャーズ）」ではなく，業容拡充を図るという目的での「攻撃的な好機（オフェンシブ・オポチュニティーズ）」であると評する。

4. おわりに：オフラインの底力を活かす

　21 世紀初頭から本格的に始まったインターネット化社会への移行により，『ぴあ』は 2011 年に休刊した。だが，テクノロジーの利用や自己革新といったアルファドッグ・カンパニーの特質を地で行くように，2018 年にスマートフォンアプリ「ぴあ」を立ち上げ，新たなプラットフォーム構築を始めている。

　2020 年 7 月には，横浜みなとみらい地区に音楽専用アリーナ（ぴあ MM アリーナ）を開設して，ヨコ型（あらゆるジャンルのチケットの取り扱い）からタテ型（ライブ会場の運営）へのビジネス展開をなすことで，経験価値の提供が重視される，コト消費時代に対応している。

　本章の最後に，インターネット化社会への移行に立ち向かう音楽産業に身を置く CD ショップチェーンのタワーレコードの例を見ておこう。

　1979 年に日本進出を果たした同社は「輸入レコードをスーパーマーケットのように安く大量に販売する」というコンセプトを持ち，1981 年にオープンした渋谷店は，そうしたアメリカン・スタイルの象徴となった。

　日本進出当時の本社のスタンスは「ブランドはグローバルで，ビジネスはローカルで」というものであった。つまり，日本に見合った事業運営が認められていたのである。このことで，店舗ごとの判断で何を何枚仕入れるのか，あるいは人件費にどのくらいかけるのかといったことができた。これは，顧客サービスや従業員の参加といったアルファドッグ・カンパニーの特質を呼び込む経営方針であった。

　1990 年代では J-POP カルチャーという追い風のもと，インストアイベント

の開催や試聴機の大量導入，インディーズ・コーナーの充実などを差別化要因として，コミュニティとのつながりを深めながら，タワーレコードのブランド力が強化された。

2002年にアメリカ本社から日本法人が独立したが，そうした2000年代ではショッピングセンターへの出店も進んだ。リアル店舗それぞれが，独自の企画力でアーティストとユーザーないしユーザーとユーザーをつなぐハブ的な役割を担うことが，インターネット時代に対するタワーレコードのアイデンティティとなる。それは「ノー・ミュージック，ノー・ライフ」という同社のスローガンにも宿っている。

このように現在，ほとんどのビジネスが本書第1章で捉えたようにスマートフォンを中心としたオンラインでのプラットフォーム型に切り替わっていく中で「オフライン（実体を伴うもの）の底力」で自らの未来市場を切り開き，その業界を主導することができる会社こそが，アルファドッグ・カンパニーの本質である。

〈本章を身近に感じるためのエクササイズ〉

1.「顧客サービス」か「従業員の参加」の点で，卓越した部分を創出している日本企業を調べてみよう。

2.「テクノロジーの利用」か「コミュニティとのつながり」の点で，卓越した部分を創出している日本企業を調べてみよう。

3.「イノベーション」か「ブランド力の強化」の点で，卓越した部分を創出している日本企業を調べてみよう。

4.「連携・協力関係の構築」か「自己革新」の点で，卓越した部分を創出している日本企業を調べてみよう。

第5章　企業成長を導くビジネスリーダーの条件

〈本章を理解するためのキーワード〉

深化と探索の両利きの経営，ポピュラー，謙虚なリーダーシップ，社会的感受性

1.　QUEST プロセスの創造者としてのリーダー

　最初に，経済学者であり政治活動家でもある竹中平蔵が示す5つの「平成の教訓」を見てみよう。

　1つ目は，経済の健全な発展には基本的に「市場の果たす役割（不良債権の処理など）」が極めて重要であること。

　2つ目は，産業の種まきをして育てる。不要な規制を緩和する。市場を健全に発展させるといったプロセスで「政府の果たす役割（民官パートナーシップ）」も極めて重要であること。

　3つ目は，どの政策をどんなタイミングで打ち出すか。それはどのくらい効果があったのかなどを優れた専門家が徹底的に検討し，検証する必要があること。

　4つ目は，やはり強い政治リーダー（小泉改革など）が必要だということ。

　5つ目は，失われたものを冷徹な目で確認し，あるものは失われることを受け入れて喪失ダメージを小さくする方法を考え，あるものはいくらか取り戻す方法を考えるというように「縮小戦略」や「切り捨て戦略」が必要になること。

　これは主として政治や経済に関しての教訓となるが，企業経営においても示唆に富む見解である。市場と政府の果たす役割を助けとして，強力な企業リーダーのもとで，効果的なタイミングをはかりながら，戦略性を持って動いていく。そうしたビジネス活動が，これから迎える新世代に求められる。

　ビジネス心理学者のチャモロ＝プリミュジック教授（ユニバーシティ・カレッジ・ロンドン）は，そうしたリーダー候補を決める際に，組織が考えるべき概念として次の3つを挙げる。① 知的資本：特定分野の深い知識，豊かな経験，適切な判断力，② 社会関係資本：その人が持っているネットワークや人脈，

③心理資本：個人が自分の能力をどう導き，どう活用するか。

　また，リーダーシップ論者のオライリー教授（スタンフォード大学経営大学院）らは「深化と探索の両利きの経営（リード・アンド・ディスラプト）」におけるリーダーの役割を重視する。既存事業での競争に勝つために自社能力を深化しようとする余り，新規事業や技術の探索が疎かになるというサクセス・トラップに陥らないためのリーダーシップが求められると言う。

　少なくとも，両利きの経営を行うリーダーに必要なことには，次の3つが挙がる。①新しい探索事業が新規の競合に対して競争優位に立てるような，既存組織の資産や組織能力を突き止める。②深化事業から生じる惰性が新しいスタートアップの勢いをそがないように，経営陣が支援し監督する。③新しいベンチャーを正式に切り離し，成熟事業からの邪魔や支援なしに，成功に向けて必要な人材・構造・文化を調整できるようにする。

　こうした深化と探索の二兎を追うことが大事となるビジネスを一本の大木と見なすと，収益や株価は果実や葉の部分にあたる。そして，それらを実らせる幹や根にあたるのは，組織的なシステムないしプロセスとなる。

　この組織的なシステムやプロセスを機能させるには，リーダーが「包み込む環境（困難な問題に団結して立ち向かえるような人間関係のネットワークによって生み出される場）」から得られるポジティブなエネルギーを用いて，難題や著しい価値観の相違に取り組む際に生まれる「熱」を抑制・調整することが求められる。

　これは「エア・サンドウィッチ」を作るようなものである。つまり「目には見えないもの（エア）」を「挟み込んでいく（サンドウィッチ）」作業が必要となるのである。

　こうしたエア・サンドウィッチでは「協働（コラボレーション）」が欠かせない。マーチャント（経営思想家）は，そのプロセスはQUESTという次の4段階からなるフレームワークでなされることが望ましいとする。

　①QU…クエスチョン：何が必要であるかを知る（問題の範囲を定め，事実を集め，発見物を共有することを通じて，共通の理解を得る），②E…エンビジョン：

現時点での組織に関わる選択肢を創出する（選択肢を作り，基準を定めることを通じて，実行可能な選択肢を決定する），③ S…セレクト：確かな選択をする（何をなすか決め，分類し，試し，選択することを通じ，勝利につながる戦略を選び出す），④ T…テイク：責務を与える。

このような QUEST プロセスの結果，もたらされる組織能力には，次のようなものがある。① 他社との競争や市場変化にすばやく対応できる。② 全社員が常に戦略に沿って，迅速に，かつ正確に行動できる。③ 絶えず情報が集まるので，新しい機会を捉えることができる（そうしたレーダーが開発されている）。④ 全社員が学習し，成長し，高いレベルで貢献する。⑤ 勝利の焦点が市場や競合他社に置かれる（全社員がこの目標を掲げている）。

このような組織能力を有する企業になれるかどうかは，ひとえにその組織のリーダーの手腕に委ねられる。リーダーには「ダンスフロアを離れ，バルコニー（上階の桟敷）に立つこと」。すなわち，行動している最中に一歩下がって「今，本当に起きていることは何か？」と問うことが求められる。これは，将棋では王将ではなく棋士，あるいはサッカーではプレイヤーではなく監督の視点で捉えることが経営者であると言われることと同義である。

リーダーシップ論者のコッター教授（ハーバード・ビジネススクール）は，マネジメントとは複雑な状況に巧く対処することであり，リーダーシップとは変化に対処することという補完関係にあると見なすが，最も理想的なのは双方の役割を果たせるビジネスリーダーが組織を主導することである。

そうしたビジネスリーダーの役割は，内田樹（思想家，武道家）が言うように「自分たちのアジェンダを現場に周知徹底させ，それを実現すること」である。そのためには，自分の欲求より仲間への思いやりを優先させることや，周囲から喜んで協力を得られることが欠かせない。つまり，人から好かれることが必要となる。

プリンスタイン教授（ノース・カロライナ大学）は，人が成長段階で経験する人間関係研究の第一人者であり，その見地から，人を惹きつける力は「ステータス（社会的地位，学歴といった外側の要素）」からではなく「ポピュラー（好感度，

人望といった内側の要素)」から生じると捉える。

　本章では，こうした「内側の要素から形成されるリーダーシップ」について迫ってみよう。

2.　リーダーは周囲から認められてなるもの

(1)　カルロス・ゴーンが示すマネジャーとリーダーの違い

　1959年，日本に初めて招聘されたドラッカーは，日本を代表する企業経営者たちとの懇談会において，リーダーとは「自分が成果をあげて賞賛を浴びる人」ではなく「仲間の協力を得て成果をあげ，仲間を賞賛する人」と述べた。仲間の協力を得るには，周囲からリーダーとして認められなければならない。これは，組織における信頼というものを呼び起こす。

　この点に関して，2名の実務家の知見を挙げてみよう。

　ウォルト・ディズニー社 CEO を長年務めたロバート・アイガーは「いいリーダーになることは，替えのきかない人間になることではない。人々が自分の代わりに仕事を果たせるよう，準備を助けることだ。彼らに意思決定の機会を与え，身につけるべきスキルを見つけ，向上に手を貸し，時には彼らに次の段階に進むには力が足りないことを正直に伝えることだ」と述懐する。

　また，ジェットブルー航空の会長を務めたジョエル・ピーターソンは，自分に代わって行動してもらうことが信頼であり，それには，① 人格：リーダーの利益を自分のことのように大切にすること，② 能力：リーダーの利益を最大限に実現するための知性・能力・教育を身につけていること，③ 権限：約束を守れるだけの権限を委譲されていることの3つが全て満たされる必要があると言う。

　信頼レベルが最も低いのは，刑務所のように「力」で押さえつけるものであり，次に独裁制のような「恐怖」，一般的な企業のような「報酬」，軍隊のような「義務」と続き，最も信頼レベルが高く，内発的な動機づけができるのは家族のような「愛」となる。

　こうした信頼のレベルを決めるのはリーダーであり，そのレベルにリーダー

の資質が表れる。バッキンガム（経営思想家）らは，リーダーが人間関係を結び
つける共通項である感情的つながり・信頼・愛を忘れてしまえば，どんなに理
論上の世界で重要とされるもの全てを修得したとしても，誰も付いては来ない
だろうと指摘する。

　これに関して，ルノー・日産・三菱アライアンスの取りまとめ役を担ってい
たカルロス・ゴーンは，マネジャーとリーダーの違いから説明する。

　「会長・社長・マネジャーといった言葉は，組織上のポジションを指してい
るだけにすぎない。しかし，リーダーであるということを決めるのは自分では
なく，周囲の人たちである。周りから認められて初めてリーダーになれる。そ
のポジションで役割を果たし，周囲の人たちからリーダーと認められた時に，
その人はリーダーとなることができる」。

　こう語るカルロス・ゴーンは，周囲から認められるには，まず人々と心を通
い合わせる必要があると見なす。人とのつながりの中で「ああ，この人は興味
深い」と魅力を感じさせることが大切である，と。

　さらに，もう1つは結果を出すことにある。厳しい経営環境にあっても，良
い結果を出せるかどうか。実現が難しいものであればあるほど，その人のリー
ダーシップが明確になってくる。そうした予想外の結果を1回だけ出すのでは
なく，さまざまな状況下で何回か繰り返し，コンスタントに期待以上の結果を
出していくことで，周囲からリーダーと認められるようになるのである。

(2)　ミスターミニット復活に見るリーダーシップの特質
　以上のようなことを地で行く近年のマネジャーとして，2014年にミスター
ミニットの代表取締役社長となった迫俊亮の事例を挙げることができる。

　ミスターミニットは1957年にベルギーのブリュッセルで始まった靴修理や
合カギ作製を行う会社であり，日本には1972年に進出した。現在では日本を
本社としてアジア事業（中国・マレーシア・シンガポール・ニュージーランド・オー
ストラリアで展開）がミニット・アジア・パシフィックとして独立している。

　ミスターミニットは迫俊亮が着任するまでの10年間，業績が右肩下がりで，

店舗数も減っていた。現場感覚に乏しい本社からのトップダウンでの指示に現場は疲弊していた。その証拠に，本社と現場の中間に立ち，店舗サポートを行うエリアマネジャーが過去2年間で半数が退社か自主的に降格を願い出ていた。新サービスも40年にわたり，成功したものがなかった。

　しかし，迫俊亮がトップに就任してから3年の間に新サービス（靴磨き・靴のフィッティング・スマホ修理・時計の電池交換など）が次々と生まれ，過去20年間で最高の業績を記録した。

　その復活の原動力は，現場ファーストでの仕事の「つくり直し」だった。つまり，現場を末端ではなく，組織の最先端と見なし，経営が現場に命令するのではなく，サポートするという体制に切り替え，「世界ナンバーワンのサービスのコンビニ」になるという，現場とともに見つけ出したビジョンのもと，成果を挙げていった。

　そうした実績により，迫俊亮は周囲からの信頼を得た。そこには「リーダーとは，フォロワーがいる存在である」「リーダーの仕事とは，現場との距離を縮められるかどうかを考えること」「コミットメントとは，本気度と覚悟を周りに示すこと」という迫俊亮独自のリーダーシップ論が横たわっていた。

　ミスターミニットは，プライベート・エクイティ・ファンドのユニゾン・キャピタルが2011年に買収した企業であり，海外事業（アジア事業）の再建を行える人材を探していた。そこに三菱商事やマザーハウスという大企業とベンチャー企業の両方での勤務経験があり，「経営の手法」を実践で学びたいと考えていた迫俊亮に白羽の矢が立ったのである。

　迫俊亮は2013年，ミスターミニットに28歳で入社し，まず半年間ほどオーストラリアと東南アジア事業を担当した後，日本で経営企画部長としてマーケティングを担当した。そして翌年に営業本部長となった。

　そうした業務を通じて「本社と現場をつなぐパイプの不在」を体感した彼は，社長になることでしか改革はできないと判断し，自ら社長になることを名乗り出た。このとき現場は，20代の部外者が自分たちのトップになることへの不安が募った。そこで迫俊亮は，組織が巧く機能しなくなる3つの罠に留意して

行動した。

　1つ目は，リーダーに潜む「階層意識」の罠である。それまでのミスターミニットの経営サイドは，ファンドから送り込まれてきたビジネスエリートであり，現場にほとんど足を運ばず，現場に来てもカウンターの外から指示を飛ばすだけだった。

　これに対して迫俊亮は当時，生やしていた髭を剃り，髪を切り，常にネクタイを締めるという，身なりに気をつけるようにした。店舗に立つ職人の服装には清潔感が常に求められるので，彼らに敬意を払っていることを見た目から示し，上下関係を感じさせないようにした。

　また，現場に行った際もカウンターの内側に入り込み，接客を手伝いながらコミュニケーションを図っていった。

　このように現場に学ぶことについては，2016年にファミリーマートの社長に就任した澤田貴司もそうであった。社長就任前の3週間，一番町店の店長研修を受け，売り場に自ら立ったのである。このことから例えば1,600ページにも及ぶ全マニュアルを1作業1ページで完結する漫画仕立ての100ページに整え直した。そこには「現場を見ることは義務。現場目線で仕事が出来ない会社は破綻する」という澤田貴司の現場第一主義の考えが宿っていた。

　さらに迫俊亮は，それまで関心のなかった靴にも興味を示し，現場との共通言語を持つことに努めた。仕事以外でも，煙草を吸えないが喫煙所に行き，一緒に煙草を吹かしながら話し合った。

　曰く，現場と経営との間にある壁は，リーダー自らツルハシを持って壊していく。そうすると，やがて壁の向こう側から，ツルハシを持った仲間が壁の撤去に参加してくれる，と。ここにコミュニケーションを図る2つの目的が宿っている。それは，① 理解してもらうこと，② 動いてもらうことである。

　2つ目は「ウィル（やる気）」「スキル（能力）」にまつわるチームの罠である。エクセレント・カンパニーではなく「ふつうの会社（オーディナリー・カンパニー）」では「ウィル」と「スキル」の両方を最大限に持ち合わせる者は皆無なので，全員を盛り上げ，育て，巻き込んでいくことが欠かせない。その実現

には，組織の仕組みにおいて「明らかに邪魔になる大きな石や切り株（やる気をそぐような制度，挑戦を阻害している文化）を除くこと」が必要となる。

　具体的には，① 人件費の都合でショップマネジャーへの昇格がほとんどない状態が続いたが，結果を出しているオペレーターは全員無試験でショップマネジャーに昇格させ，努力に報いた。② お客からの「クレーム恐怖症」を減らすために，修理の失敗は減給や降格につながらない評価制度とした。さらに，エリアマネジャーにクレーム決裁の権限を委譲し，現場でのクレーム対応が迅速になった。③ 店舗社員が足りないという問題に，100 人規模の大量採用という「現場へのラブレター」で応じた。雇用に投資し，現場ファーストを示したのである。

　3つ目は，机上では正しい「ロジック」の罠である。戦略論で語られるコンセプトや他社のベンチマーキングを無理に導入せず，現場から会社にしてほしいことを聞き出し，それに1つずつ応じていった。店舗の使い勝手が悪いと言われれば，すぐに什器を入れ替え，ユニフォームがダサい上に動きづらいと聞けば，直ちにデザインを一新する。そうした積み重ねで信頼関係を築いた上で，本社からの要望も伝え始めたのである。

　この3つ目については，サンスティーン教授（ハーバード大学）らが著した『賢い組織は「みんな」で決める』(2016) の中で，集団を賢くするために必要な 8 項目の最初に取り上げられる「好奇心旺盛で，自らは沈黙するリーダー」という点と合致する。

　これは，共有すべき情報を発言に影響力を持つリーダーが握ることで，社内での情報共有が最も促されるということである。つまり「聞き出し上手なリーダー」のもとでこそ「情報の回り」は良くなり，組織は賢くなるのである。

　ちなみに，他の項目には「批判的思考をプライミングする（人々の選択や行動に影響を与えるような形で，特定の連想や思考を意識するように操作すること）」「集団の成功を重視する」「役割を分担する」「視点を変える」「わざと反対意見を述べる（数名に悪魔の代弁者になってもらう）」「敵対チームを作る」「デルファイ法（集団のメンバーの意見を公に集約して，社会的平均化を図る方法）」が挙が

る。

　「伸びている会社は，新しいアイデアを組織的に吸い上げている。トップマ
ネジメントができることは，現場の知恵を生かすことである」「マネジメント
は，実体のないばらばらのものを，生きた一つのものにすることである」と
言ったのはドラッカーであるが，迫俊亮が組織における3つの罠に留意した上
でとった，上記のような行動はマネジメントそのものであった。

　また，迫俊亮のとった振る舞いは，組織行動論の碩学であるシャイン名誉教
授（MITスローン経営大学院）が唱える「謙虚なリーダーシップ」という新しい
モデルでもあった。それは，信頼し合い，率直に話をするグループの文化に宿
るものであり，「パーソニゼーション（相手を一人の人間として見て，関係性を互
いに創っていく過程）」がそれを可能にしている。

　付記すると，シャイン名誉教授は，リーダーとフォロワーの関係のレベルを
次の4つに分けて考えている。このうち「謙虚なリーダーシップ」は，レベル
2に該当する。

　レベルマイナス1：全く人間味のない，支配と強制の関係。レベル1：単な
る業務上の（トランザクショナルな）役割や規則に基づいて監督・管理したり，
サービスを提供したりする関係。大半の「ほどほどの距離感を保った」支援関
係。レベル2：友人同士や有能なチームに見られるような，個人的で，互いに
助け合い，信頼し合う関係。レベル3：感情的に親密で，互いに相手に尽くす
関係。

3. リーダーの条件はキャラクター性にあり

　「経営の神様」という異名を持っていた松下幸之助は，自社（松下電器産業，
現パナソニック）の管理職たちが一堂に会した場において，リーダーの条件を3
つ挙げた。1つは愛嬌。また1つは運が強そうなこと。いま1つは後ろ姿である。
これについて鷲田清一は，次のように解釈する。

　① 愛嬌とは隙があるということ。無鉄砲に突っ走って転んだり，情にほだ
されて一緒に落ち込んだりする。イメージは清水次郎長一家の森の石松。周り

をハラハラとさせるので「私がしっかり見守っていないと」と思わせる。

　②運が強そうなイメージは元読売巨人軍の長嶋茂雄。運の強そうな人の傍にいると，何でもうまくいきそうな気になる。そうしたはつらつとした晴れやかな空気に乗せられて，冒険的なことに挑もうと思わせる。

　③後ろ姿のイメージは任侠映画の高倉健。後ろ姿が眼に焼き付くときには，見つめているほうの心に静かな波紋が起こっている。寡黙な言葉の背後に秘められた，ある思い（何をやろうとしているのか，何にこだわっているのか）に想像力がふくらむ。

　こういった隙間や緩み，翳りにこそ余韻があり，そこが他者の関心を引き寄せ，彼らを受け身ではなく，能動的にするのである。その時に組織は最も活力と緊張感に溢れると鷲田清一は言う。曰く，上司の命を待つのではなく，一人ひとりが自分の頭で考え，へこたれずに行動できる（ゲッティング・シングス・ダン・バイ・アザーズ：他者を通じて物事を成し遂げる）組織が，一番活力がある，と。

　これについては，スターバックスジャパンCEOを務めた岩田松雄が「人格の良さ（徳）があって初めて，個性（才：テクニック）が生きている」という見解に同調する。人間性に問題のあるリーダーには誰も付いていきたいとは思わないということである。ここで言う人間性こそが，愛嬌・強運・後ろ姿に当たる。

　また，カルビーの代表取締役会長兼CEOを務めた松本晃も，リーダーに必要な要素に，圧倒的な実績（結果を出した人は強い），理論（なるほどと思われる理論に部下はついていく）とともに，人徳を挙げており，この3つを兼ね備えた者として松下幸之助の名を挙げる。

　この人徳は，組織行動学者のゴーフィー名誉教授（ロンドン・ビジネススクール）らが言うところの「自分らしくあること」に通じる要素となる。リーダーとは「本物の（オーセンティック）」リーダーであることが全てにおいて先立つものであり，これなしでは互いに信頼し合って力を合わせることはできないという捉え方である。

その上で，本物のリーダーであることの重要な要素として，① 発言と行動が一致していること，② 常に首尾一貫していること，③ 自分らしくあることの３つを挙げる。ここで言う自分らしくあることは，役割を果たす上で役立ちうる「自分ならではの持ち味」であり，その持ち味が「周囲に対して意味のあるもの」ということである。

4. 経営者に問われる３つの条件

(1) 自分の頭で考え抜いている

　数多くの経営者を取材してきた大塚英樹 (フリーランス記者) は，存続するための闘いを繰り広げながらも成長を続ける企業の経営者に共通した特徴を次の３つとしている。

　１つ目は，自分の頭で考え抜いていること。自身が論理的に考えて辿り着いた「革新的経営哲学」であるなら，業界の常識や通説に関係なく，実行することが大事である。

　例えば，ホンダ創業者の本田宗一郎は「通産省 (現・経済産業省) に言われたことと全部反対のことをやってきた。だから，ホンダの今日がある」として「能ある鷹は爪を出せ！」と言っていた。

　また 1927 年に創業し，主にオフィス用のファイルで成長してきたキングジムの社長に 1992 年から就任した宮本彰が，インターネットにもつながらない，メールもできない，音楽も聴けない，単なるテキスト入力専用ツールである「ポメラ」(2008 年) を 26,000 円という文房具としては高額での発売に GO サインを出したのは，社外取締役の一人である大学教授が興味を示したからだった。その理由は，移動中や出張のたびに重いパソコンを持ち歩くことに不便を感じていたという。そのためなら値段は気にならないというものだった。

　通常ならば 2002 年にワープロ専用機が出荷中止となり，2007 年には iPhone というスマートフォンが発売された状況下で「文章の作成しかできない」という多機能ならぬ単機能のモノは，時代性と逆行する市場性の低い商品と判断し，商品化はボツとするところである。

　しかし 10 名ほどいる役員のうち，誰もが欲しいわけではないが，一人でも「何としてでも欲しい」と思う者がいるのなら，売れるのではないかと判断したのである。万人受けをめざすのではなく，狙ったターゲットに強烈に「刺さる」アプローチをなすという，宮本彰独自の「革新的経営哲学」をそこに見ることができる。

　これは，ゲリラ的ないし奇をてらうものではなく，むしろ手堅く効果を狙う現実的な戦略であり，「心地良い隙間（適正で理想的な市場規模）」への参入だったと述懐する。要するに，隙間の規模が重要なのである。市場が小さすぎると隙間は「ひび割れ」となり，ビジネスとしては成り立たない。市場が大きすぎると他社が参入する余地が生まれ，競合することになる。「ポメラ」は，その中間のちょうどいい隙間を見出したのである。

　実際に「ポメラ」の発表時には，会社としては異例のマスコミに向けた記者発表会を開いた。その記者たちこそ，取材のメモ代わりになる「ポメラ」を欲していたコア・ユーザーだったのである。結果，「ポメラ」は初回ロットがすぐに完売し，「ポメラニアン（ポメラ愛好家）」という言葉まで生み出すほどのヒット商品となった。

　ちなみに，キングジム創業時の画期的な商品に「切抜式人名簿」があった。これは創業者・宮本英太郎が大阪の材木商に丁稚奉公した際に，顧客名簿を見ていて気づいた不便さから生まれたものだった。つまり，顧客の社名や住所を単に書き留めておくだけでは，書いた本人しかすぐに探せないので，誰が見ても，どの情報がどこに書いてあるか分かるようにしたいと思ったのである。

　その際，手軽に分類でき，追記・変更でき，さらに書かずに済む形が良いと見なした。そこで発見したのが得意先から送られる葉書や封筒での住所・社名のスペースが，どれも同じスペースであるということだった。その部分を切り取って切り込みを付けた台紙に差し込むと名簿ができる，並び替えも簡単だという発想にたどり着いたのである。

(2)「胆力」がある

　2つ目は「胆力」があること。すなわち，覚悟があることである。これは，会社が継続するために欠かせないものである。会社の継続（ゴーイング・コンサーン）には，時代の変化に合わせ，過去の成功体験や慣習を否定し，イノベーションを興すことが必要である。

　例えば，エステーの社長を務めた鈴木喬は経営方針の大転換，つまり過去を全面否定できるのは社長しかいないと言う。そして，これに関しては大前研一も次のように述べている。

　「新社長の就任挨拶で，よくこんな言葉を聞く。『前任者を踏襲してつつがなく…』謙虚な姿勢だと思うかもしれないが，これではリーダー失格である。なぜなら，リーダーたる者は常に『自分ならどうするか』ということを考えておかなければならないからだ。『前任者を踏襲して…』という台詞は，今まで何も考えていなかったと告白しているに等しい」。

　アジア人初のGE本社役員となり，LIXILグループ社長兼CEOを務めた藤森義明も，トップの「変革する力」を重視する。変化するビジネス環境において先手を打ち，未来をつかみ取るためには，リーダーが新しいビジョンを描き，変革を起こすことが求められる。そのためにリーダーは，前任者を否定しなければならないと言う。

　それは，ダウ平均（ダウ・ジョーンズ工業平均株価）の算出対象となる30社に唯一，1世紀以上（1896〜2018）採用され続けたGEにも言えることである。

　ジャック・ウェルチはGEの会長兼CEO就任期間（1981〜2001）に「ナンバー1・ナンバー2戦略（当該事業で1位か2位のシェアが取れないのならその事業からは撤退する）」という「選択と集中」を行い，20年間の在職中に売上げを260億ドル強から1,300億ドルへと5倍に拡大させた。また，時価総額も140億ドルから4,000億ドルと30倍近く伸ばした。

　その後を継いだジェフリー・イメルト（2001〜2017）は，製品開発で先頭に立つための「イマジネーション・ブレークスルー（買収に頼らず，売上げと生産性を伸ばすことによって事業拡大を図るという内部成長）」をなす一方で，ジャッ

ク・ウェルチの手がけてきたプラスチック事業や，成長の軸であったキャピタル（金融事業），創業者トーマス・エジソンが始めた祖業の家電・照明事業（アプライアンス＆ライティング）などを売却した。

　そしてIoTやAI，ロボットといった次世代に見合った新規事業に進出して「デジタル・インダストリアル・カンパニー」への転換を進めた。その根幹は，次の3つを原動力とする産業インフラ部門に置かれる。

　①インダストリアル・インターネット：機器同士をつなぐことで得られる膨大なデータを知見に変え，さらにその知見から成果を生み出していくこと，②ブリリアント・ファクトリー：グローバルなサプライチェーンのシンプル化やモノの再設計・再創造，工場の変革などにより，新しいものづくりを実現していく取り組み，③グローバル・ブレイン：オープン・イノベーション，クラウド・ソーシング。

　GEは1878年に創業した歴史の長い会社であるのに，CEOはこれまでに（創業者エジソンを含めず）11名しか務めていない。

　列挙すると1代目チャールズ・コフィン（1896〜1913），2代目E・W・ライス（1913〜1922），3代目ジェラルド・スウォープ（1922〜1940，1942〜1945），4代目チャールズ・E・ウィルソン（1940〜1942，1945〜1950），5代目ラルフ・コーディナー（1950〜1958），6代目フレッド・ボーチ（1963〜1972），7代目レジナルド・ジョーンズ（1972〜1981），8代目ジャック・ウェルチ（1981〜2001），9代目ジェフリー・イメルト（2001〜2017），10代目ジョン・フラナリー（2017〜2018），11代目H・ローレンス・カルプ・ジュニア（2018〜）と並ぶ。

　特にH・ローレンス・カルプ・ジュニアは，アメリカ医療機器大手ダナハーのトップとして同社の時価総額を5倍にした経営再建のエキスパートであり，GEにとっては初めて外部からのCEO登用となった。

　通常，リーダーが長期にわたって不動であると，保守的になりがちだが，GEは継続的に自己変革をなしている。つまり，変化を受け入れ，それを恐れないことを続けるのである。

　これは，まさにエジソンの「世界がいま本当に必要としているものを作るの

だ（I find out what the world needs, then I proceed to invent it.）」という言葉を歴代の CEO が実践してきたことを意味する。この言葉は「エジソンスピリット」と呼ばれ，ニューヨーク州ニスカユナにあるグローバル・リサーチ・センターの入り口に掲げられている。

　同じことが，フランスの化粧品会社・ロレアルにも言える。1909 年創業から 1 世紀以上も続いているが，その 1 世紀間での社長は 5 名だけである。

　列挙すると 1 代目ウージェンヌ・シュエレール（1909 ～ 1957），2 代目フランソワ・ダル（1957 ～ 1984），3 代目シャルル・ズヴィアック（1984 ～ 1988），4 代目リンゼイ・オーウェン＝ジョーンズ（1988 ～ 2006），5 代目ジャン＝ポール・アゴン（2006 ～）。

　ESCP ヨーロッパ（1800 年代初頭に設立されたビジネススクールで，グランゼコール（高等職業教育機関）の 1 つ）のコラン教授らは，同社は歴代トップによって，アイデンティティと多様性という，相反する緊張関係にあるものが巧妙に結び付けられたと見なす。

　つまり，過去と価値に忠実であり，それらを新しく解釈し，再資源化し，追求するべき事例を探し，将来に立ち向かうためのエネルギーを汲み出してきたというのである。

　こうしたロレアルや GE のように失敗を恐れず，新しいことに挑むという決断をなすには「夢」や「志」を内在させながら「使命感（世のため，人のため，顧客のために尽くすという思想からくる思い）」とワンセットの価値観を持つことが必須となる。

　この使命感に関しては，日本全国 7,500 社もの中小企業を訪問し，『日本でいちばん大切にしたい会社』（2008）などの著書がある坂本光司も，企業の長期的な業績は，経営者の人間性や生き方をそのまま反映するとし，最大のポイントは「自律心」と，世のため人のために役に立ちたいという「利他の心」であると指摘する。

　前掲のキングジムでは，失敗はマイナスではないという意識を育てる企業文化を有している。その失敗理由を分析して次回に活かすことが重要だとする。

　また，開発チームにはノルマを課しておらず，「最高の商品を作る」という究極の目標を据え，そこに向けて最大限の努力をすることを促している。

　また，アイリスオーヤマ（1991年に大山ブロー工業から社名変更）の社長を務めた大山健太郎は，自身の役割は，① リスクの請負人：前例や類似品が少ない提案型商品の開発に責任を持つ。② 生活者の代弁：生活者のストーリーを感じられない企画や，時代の流れを追っただけのアイデアには却下や再考を命じるという2つにあるとしていた。そこには経営者としての「胆力」が横たわっていたと言える。

　これまでアイリスオーヤマはホームセンター向けに，①「育てる園芸」というコンセプトで，タネに肥料や水をやり育てるのもDIYであるとし，植木鉢やプランターを販売。さらにそれを「飾る園芸」に進化させ，自宅の庭やベランダを飾る文化を提案，②「ペットはファミリー」というコンセプトで，ペット用品の開拓，③「クリア収納」というコンセプトで，「しまう」ことに加えて「探す」ことを考慮した透明な収納ケースの開発などをなしてきており，そこには失敗を恐れない覚悟を見て取れる。

　さらには1980年代，問屋を経由せずに，自社で問屋機能を持って商品を供給するという「メーカーベンダー（製造業兼問屋）」に転身することを決断した。これにより，小売店への品揃え提案や売り場づくりを請け負うことが可能になった。さらには，作った物を売るのではなく，売れた物を迅速に作る（生産優先ではなく，出荷・納品優先）という「在庫を金型で持つ」体制が実現した。

　こうしたことを指揮した大山健太郎は，経営者の仕事は「魚のいる場所に船を出すこと」だと見なす。どこに魚がいて，ライバルの漁船がどれだけいるのか。そして，魚の数が減った場合に，どの魚をどの船で取るかについての嗅覚と舵取りが肝心だという。

　それを実践するかのようにアイリスオーヤマは，園芸用品・ペット用品・収納用品と，新しい漁場を見つけて売り場を創造してきた。さらに現在ではLED照明や家電にも進出している。ライバルがひしめく漁場でも，顧客のニーズに迅速に応える価格や機能，販売チャネルによって十分に開拓できる。つま

り，釣り方を他社と変えていけば市場創造は可能だと見なすのである。

(3) 現場体験を持ち，常に現場感覚がある

　3つ目は，現場体験を持ち，常に現場感覚があることである。そのためには
トップ自ら頻繁に現場へと足を運ぶことが欠かせない。

　ブリヂストンCEOを務めた荒川詔四も，現場は複雑怪奇な生き物であると
見なして「現場を知らない者は決断できない」「不安で仕方ないから現場に足
を運ぶ」と述べている。それは，リーダーにとって繊細さ・小心さが重要だと
捉えるからである。周囲に細やかな気を配り，常にリスペクトの気持ちを忘れ
ないのが一流のリーダーであるという。

　また，名代富士そばの創業者・丹道夫は，経営者の唯一無二の業務は「どう
したら従業員の意欲が出て，働きやすくなるかを考えること」であるとし，社
員をなるべく大切に扱うということを信条とする。

　例えば，そばの調理に細かいマニュアルを設けず，それぞれのやり方に任せ
ている。社員のやる気をそぐような言葉を決して発さず，「細かいことは良い
から，うまくやってくれ」という現場主義を貫いている。現場主義なので，各
店舗で立地や客層に応じた新メニューを自由に決めることができるのである。

　これら3つの条件は，単独で発揮するというよりも，交じり合いながら発揮
される。つまり，研ぎ澄ました現場感覚で考えて考え抜き，最後に胆力で決断
するということである。

(4) 自前の経営理論を持っている

　以上のような経営者に共通しているのは，借り物ではない，自前の経営理論
を持っている点である。このことは以下に挙げるように，経営学者に共通の認
識となっている。

　金井壽宏教授（立命館大学）は，これを持論アプローチと呼ぶ。ここで言う持
論とは，実践者の言葉で綴られた実践の理論のことである。マネジャーが，何
を前提にして（公準），何を論理立てて考えているのか（命題）を示すものとな

る。

　井上達彦教授（早稲田大学）は，このような持論は，学術用語を使わない，普段の言葉で言い表された命題の諸体系とする。それが社内用語として用いられる場合が多い。実践の中から生まれた言葉なので，経営理念を深く理解できる。また，意味を取り違えたり，流行のキーワードに振り回されたりすることもなくなり，企業行動に一貫性が出てくる。

　洞口治夫教授（法政大学）は，自前の経営理論が作られるのは，2つの理由があると言う。1つは，困ったことの存在である。何か困ったことがあることで，その解決方法を根本から考えようとするときに理論が必要となる。もう1つは，知的好奇心をそそるパズルがあるときである。不思議な現象に出会ったときに，それはなぜかという説明の原理を作ろうとするときに理論が必要となる。そうした理論は，現実を観察することと，ある純粋な状況を想定し，その想定された要素間の働きを説明することで出来上がる。

　こうした自前の経営理論は哲学に値する。ロンドン・ビジネススクールでは，現代のリーダーシップ観に大きな影響を与えた視点は，① 経済学に根差した生産性や効率化，② 心理学に基づいたモチベーションの2つだとする。

　ただし，この2点の追求では，働く者を道具や歯車のようにコマ扱いし，追い詰めかねないので，そうならない第3の視点として哲学があると指摘する。つまり，よいもの（善）や正しい行動を問いかけ，よりよく生きることをめざすことがリーダーには求められるという。本章で取り上げたビジネスリーダーはいずれもが，その指摘を裏づけるように第3の視点である哲学によって企業成長を導いた。

5. チームを束ねるエグゼクティブ

　ドラッカーは，起業家の出現を待って，問題を解決するという考えに同調しなかった。起業家とは一事に熱中する人である。それよりも，これからの時代は分析よりも知覚に基づき，経営管理者としてリソースを統合し，機会とタイミングを逃さないことが重要であると見なしていた。新しい社会では組織が中

心となるので，すでに存在しているものを理解するためのパターン認識の能力が求められるということである。

　そうしたドラッカーは，マネジャーという言葉ではなく，エグゼクティブという言葉を多用した。マネジャーは部下を想起させ，人間に対する支配を意味するため，「責任」を意味するエグゼクティブという言い方を好んだ。

　ドラッカーは，チームを3類型に分けて捉えていた。1つは，フォード・モーター社の組立ラインや，心臓手術を行う外科チームなどの野球型ないしオーケストラ型チームである。野球選手はチームに属してプレイするが，固定のポジションを持つ。「打席に立てば孤独」という言葉があるように，プレイする時は単独で動くことになる。その強みはメンバーが明確な目標を持て，責任も持つことができる点である。弱みは柔軟性がないことである。

　もう1つは，その柔軟性が強みとなるサッカー型チームである。野球型が「直列」で仕事をすることに対し，サッカー型は「並列」して仕事を行う。必要となるのは，メーカーなら詳細な仕様書である。つまり，コーチが指示する戦術を記した「楽譜」のようなものがいるのである。チームは互いの位置関係を維持しつつも，全体が一緒になって動くことができる。

　いま1つは，テニスのダブルス型ないし少人数で編成されたジャズ・バンド型チームである。このタイプこそが，イノベーションを興すチームだという。テニスのダブルスは，基本のポジションはあるが，固定したものではない。ゲームの状況に応じて，アドリブで動いていく。

　これら3つのチームは併用ができないので，いずれか1つのタイプを選ぶ必要がある。そして，いかなるタイプのチームであっても，本章で見たようなビジネスリーダーがエグゼクティブとして機能していかなければならない。その際には，チームのメンバー間の「社会的感受性（相互に配慮ができ，空気を読み合えること）」をリーダーが巧みに創出できるかどうかが，企業成長の鍵を握っている。

　リッツ・カールトンの共同創業者ホルスト・シュルツは，まさにこれを具現化し，同ホテルを世界的に選ばれるブランドに育て上げた。リーダーとはゴー

ルから目を離さず，全員をそこに導く人であり，その役目は社員自らが目的を
果たすために何をすれば良いかを考え，進んで実行したくなるような環境を創
り出すことだと見なしていた。

　そのためにリーダーはビジョンを持ち，その実現に向けて次の４つの決断を
する必要があると実体験から導き出している。

〈リーダーのなすべき４つの決断〉

　① 命令ではなく，鼓舞することで部下を動かす：全員が自ら結果をつかも
　　うと思う時に，活気があふれ，誰もが進んで行動し，喜んで汗をかくよう
　　な組織が生まれる。そうした健康的な文化を根づかせること。

　② ベスト以下の結果で妥協しない：めざしているレベル以下だった際の言
　　い訳や説明をするのではなく，その先にある解決策（最高のサービスの提
　　供）を見つけること。

　③ ビジョンから目を逸らさない：何か良くないことが起こると，再発防止
　　のためのマニュアルが出来上がるが，それでは官僚的である。機敏に動き，
　　活気にあふれるためには，最初に掲げたビジョンを忘れてはならない。

　④ 常に改善をめざす：時にイノベーションは，伝統の名の下に抑え込まれ
　　る。しかし，健全な組織では「前例がない」という言葉を誰も口にしない。
　　問題が生じれば，それについて話し合い，改めるだけである。

　とりわけビジョンについては，スタンフォード大学の教授を長く務めた組織
論者のマーチが「ビジョンが明快であれば，経験や知識とかけ離れた方向へと
想像が膨らむことはない。空想にのめり込むと，歴史がどのように展開するか
分からないのに，自分の考えを確信して，行動を続けようとする」と見なして
いる。

　好例を示すのが，前掲のロバート・アイガー（前ウォルト・ディズニー社
CEO）である。CEO に就任した 2005 年に３つの戦略的優先課題を次のように
定め，退任する 2020 年に至るまで一貫して，この指針をもとに行動したので

ある。

①良質なオリジナルコンテンツを創り出すことに時間とお金のほとんどを費やさなければならない（偉大なブランドが強力な武器となる）。②テクノロジーを最大限に活用しなければならない（最新の配信技術が時代に合ったブランド価値を守る手段となる）。③真のグローバル企業にならなければならない（中国やインドなどへのさらなる進出）。

実際，ロバート・アイガー CEO 時代には，ピクサー，マーベル，ルーカスフィルム，21 世紀フォックスといった名だたるブランドをウォルト・ディズニー社が総額 9 兆円で買収したことは特筆すべき点である。

そうしたビジョンに基づく決断を行いながら，リーダーには，日立製作所取締役会長を務めた中西宏明が言うように「経営という厳しい知的格闘技を面白がって楽しめるか。やりがいや生きがいを見出せるか」が求められる。

その意味で，まさにビジネス人生とは，内田和成教授（早稲田大学ビジネススクール）が示すように「自分解を探す旅（リーダーシップ・ジャーニー）」である。曰く，リーダーシップには，これが答えだという正解（シングル・アンサー）はないので，自分が最も得意とする戦い方（自分解）で勝負するしかない，と。要するに，常に直面するジレンマを乗り越えていくことが肝要なのである。

その点で，経営学の第一人者である伊丹敬之名誉教授（一橋大学）が「直感で発想して，論理的に検証して，最後に跳躍するという 3 ステップの構造で決断をなし，行動することこそが，経営の本質的中身である」と見なすのは示唆に富む。

〈本章を身近に感じるためのエクササイズ〉

1. 「深化と探索の両利きの経営」を行っている企業を 1 社取り上げて，どのようなリーダーシップが発揮されているか調べてみよう。

2. 本章で取り上げられた事例以外に「ポピュラー」によって人を惹きつけているリーダーには，どのような人がいるか探ってみよう。

3. 「謙虚なリーダーシップ」を実践している人をビジネス界以外（スポーツ界，

エンターテインメント界など）で広く探してみよう。

4.「社会的感受性」を有する企業には，どのようなところがあるか1社取り
上げ，その組織の様子を探ってみよう。

第6章　社員を活かす職場の創り方

〈本章を理解するためのキーワード〉

パーパス，インナーワークライフ，グレート・ワークプレイス，ホラクラシー

1. 働きがいというパーパス

　リーダーシップ論者のバダラッコ教授（ハーバード・ビジネススクール）は，マネジャーの中でも英雄的なリーダーではなく，忍耐力を持ち，慎重に，目立たずに，段階的な行動をもって，自らが正しいと思うことを実践するリーダーに着目する。

　そうしたマネジャーが仕事で直面する最も難しい問題は，白か黒かがはっきりとしないグレーな領域であるとし，それに対処する一番良い方法は，一人の人間として解決することだと言う。

　マネジメントの核心は，何かを達成するために他者とともに他者を使って活動することである。グレー領域の場合にも，他者と協力して正しい情報を得て，データを思慮深く厳密に分析し，問題への現実的な解決策を探すことになる。

　だが，グレー領域であるがゆえに，それだけでは不十分であり，人間として取り組むこと。つまり，自分の判断に基づいて決断すること（自分の知性，感情，想像力，人生経験，仕事と人生において何が本当に重要であるかという自身の感覚を活用すること）が最終的には問われるのである。

　企業の成長を最優先すれば良いのか，社会倫理的な責任を第一に考えなければならないのか，その検討過程では苦闘し葛藤する。そうして上手に苦労しつつ「難事に当たりながらも前進すること（グッド・ストラグル）」を経てなす意思決定をバダラッコ教授は「決定的瞬間（デファイニング・モーメンツ）」と呼ぶ。

　曰く，このようなグレー領域の課題こそがマネジメント作業の中核であり，それに対する「人文主義」的な視点が必要である，と。すなわち事象が発生し，決断を下さなければならなかった実際の時と場所。さらに決断を行い，事象を形成した個人の人格や動機（重要な決断を理解する時に理論より歴史）を重視する

ということである。

　この人文主義については，1950年代にエンジニアリングのコンサルティング会社を創設したリリエンソールが，自身の経験からマネジャーの仕事は「あらゆる人間活動の中で最も広く，最も厳しく，どう考えても最も包括的で，かつ細やかなもの」と見なす。言い換えると，マネジメントとは単なる仕事やキャリアではなく，生き様であり，成功するマネジメントは人文主義的なアートであるということである。

　ちなみに1960年，カーネギー工科大学工業経営大学院創立10周年記念シンポジウムで，リリエンソールが「1つの国に本拠を持ちながら，他国の法制度と慣習下で活動している企業を，多数国家間にまたがる企業，すなわち多国籍企業と定義したい」と語ったことで「多国籍企業」という言葉が急速に普及した。

　また，伊丹敬之名誉教授（一橋大学）は，多くの日本企業が意識的にせよ，無意識的にせよ，とってきた経営慣行に共通する基本的な考え方，すなわち日本的経営の原理は「人本主義」であると主張する。

　要するに，人と人とのネットワークを安定的に保つことを基本原則とし，経済組織の創造と維持をしているというのである。したがって，そこで働く人々も企業が長期的に発展するために尽力するようになる。このことから，社員が企業のメインの主権者であるような経営をすることが，企業が永続する鍵となると言える。

　現在，この点を深める必要があると指摘するのは，名和高志教授（一橋大学ビジネススクール）である。人間主義的な心理学者だったマズローが晩年，5つの欲求段階説にはもう一つ先の第6段階に「自己超越欲求（他人や社会のために尽くしたい）」がくるとしていたことを引き，成熟社会では社員がそうした「他の誰かのために働きたい」というパーパス（目的，存在理由）を持つことを経営の原点にする「『志』本主義」の必要性を唱える。そのため，働き方改革でなく「働きがい改革」が不可欠だと主張する。

　これについては，パナソニックコネクティッドソリューションズ社常務・山

口有希子 (2019年当時) も同様の見解を示す。ダイバーシティという「人として幸せに生きるために，自分らしく選択できる状態」の組織では，一緒にめざすべきパーパスをきちんと作ることができるかどうかが重要だとし，それぞれの人の生き方をもっと自由にして生産性を上げることが必要であり，服装を自由にし，フリーアドレスにするといった，形だけの働き方改革は本質ではないと見なす。

　こうした視点に同調するのが，組織行動学者のフェファー教授 (スタンフォード大学ビジネススクール) である。自然環境の保全活動も良いが，それと同じくらいに重要なことが自社の職場環境であるとし，その場を「いきいきと働き，肉体的にもメンタル的にも健康でいられる職場，長年働き続けてもストレスから疲弊したり病気になったりすることのない労働環境」にすることが，人間の持続可能性 (ヒューマン・サスティナビリティ：心身が健康で幸福であること) につながると指摘する。

　このように，社員を活かす職場創りについて，現代ビジネス論の分野ではどのような視点から研究され，どのような点に注目されているのかを本章では考察してみよう。

2. インナーワークライフの創出によるユーサイキアへの接近

　組織における創造性研究の第一人者であるアマビール教授 (ハーバード・ビジネススクール) らが35年間に及ぶ研究で見出したことは「インナーワークライフ」という，目には見えない個人的職務経験を生み出す環境を創り出せる組織が，生産性・創造性・コミットメント・同僚性 (カレッジアリティ) といったパフォーマンスを高めることができるという点だった。

　インナーワークライフは，①感情 (職場での出来事に対する反応)，②モチベーション (その仕事への熱意)，③仕事仲間や仕事そのものへの認識 (職場での出来事に対する状況認識) という相互に作用する3要素から生まれる。

　①感情には，ポジティブなものとネガティブなもの，あるいは全体的な気分といった漠然としたものが含まれる。

② モチベーションとは，自分が何をするべきかを理解し，いかなるときで
　もそれを行うとする意欲のことである。

③ 認識は，今起きていることやその意味に対する瞬間的な印象から，しっ
　かり築かれた見解まで，幅広いものである。

こうした3要素の好循環を日々育める状況を維持できる職場環境であること
が求められる。

　このことは，仕事に付随する特典（賞与，昇格など）によって動機づけるので
はなく，仕事それ自体（日々の職場における出来事）からインナーワークライフ
を豊かなものにできるということを示唆する。つまり，やりがいのある仕事に
おける進捗（プログレス）をサポートすることが，日々の社員のモチベーション
を高める最善の方法となるのである。

　進捗とともに，触媒ファクター（仕事を直接支援する出来事：明確な目標の設
定，十分な時間の提供など）と栄養ファクター（その仕事を行う人の心を奮い立た
せる対人関係上の出来事：尊重，励まし，友好など）も，インナーワークライフを
高めるものとして機能する。

　その反対に，仕事における障害，阻害ファクター（仕事を直接妨げる出来事：
明確な目標の欠如，厳しい時間的プレッシャーなど），毒素ファクター（その仕事
を行う人の心を蝕む対人関係上の出来事：尊重の欠如，励ましの欠如，敵対など）は，
インナーワークライフを暗転させてしまう。

　マネジメントは，進捗や触媒ファクター，栄養ファクターを強め，障害や阻
害ファクター，毒素ファクターを減らすことをめざさなければならない。そう
することで，マズローの造語である「ユーサイキア（精神的に健康で，実現可能
な理想郷）」に近づくことができる。その意味で，インナーワークライフの創
出は，ユーサイキアン・マネジメント（働く人々が精神的に健康でありうるため
のマネジメント）の手法であると言える。

　それには，仕事を義務（ジョブ）や実績（キャリア）と見なすのではなく，使
命（コーリング）と見なす必要がある。仕事を義務と見なすと，自己の裁量で動
くことがほとんどなくなり，仕事に希望や意味を見出せない場合が多い。また，

仕事を実績と見なすと，より多くの裁量を行使し，仕事に積極的に関わり，楽しみも得られる。しかし，目的が出世にあるので，仕事に付随する特典が動機づけになってしまう。

　そうではなく，仕事を使命と見なすと，働くことに喜びを覚え，それを自己のアイデンティティにとって不可欠なものと位置付けられる。仕事に付随する特典ではなく，自分の仕事自体から大きな満足を得られるので，インナーワークライフが充実したものになる。

3. グレート・ワークプレイスの探求

　1998 年，『フォーチュン』誌で掲載が始まった「アメリカで最も働きがいのある会社ベスト 100」は，従業員へのアンケート形式で選考されている。その設問の軸に置かれるのは，① 信頼，② 尊敬，③ 公正の 3 つである。つまり，従業員が経営者・管理者を信頼し，自分の仕事に誇りを持ち，一緒に働いている人たちと連帯感を持てる会社こそが，働きがいのある会社となるというわけである。

　このアンケート項目の設定およびアンケート結果をもとに「最高の職場（グレート・ワークプレイス）」を認定しているのは，サンフランシスコのコンサルタント会社 GPTWI（グレート・プレイス・トゥ・ワーク・インク）である。その評価基準は，5 つの次元（信用・尊敬・公正・誇り・連帯感）に分かれる。5 つの次元のうち，信用・尊敬・公正は信頼の構成要素となる。

(1) 信頼：これは信用・尊敬・公正の 3 つの構成要素をもつ
(1-1) 信用―「私はリーダーを信じる」
　① コミュニケーション：オープンで気さくな双方向のコミュニケーション
　② 有能さ：人材とその他のリソースを調整する際の有能さ（任せる力や先見力も要る）
　③ 誠実さ：誠実さを重視し，一貫性をもってビジョンを遂行している（頼もしさや篤実さも要る）

(1-2) 尊敬―「私はこの組織の価値ある一員です」

  ① 支援：専門性の育成（専門職の価値）への支援と（個人の努力への）感謝の表明

  ② 協働：関係する意思決定における従業員との協働

  ③ 配慮：従業員の家庭や生活への配慮（ワークライフバランスや福利厚生）

(1-3) 公正―「皆が同じルールでプレイする」

  ① 公平感：全員に対する公平な報酬

  ② 偏りのなさ：採用・昇進でえこひいきをしない

  ③ 正義：差別がなく，意見や不満をアピールする方法が整っている

　こうした信頼に関して，例えばキングジムでは，商品開発部内において互いの名前を呼ぶときに役職を使わず，「さん」付けにしている。スーツ着用の義務もなく，自由な服装でデスクに向かっている。そして，いつでも相談できる雰囲気にするため，開発本部長のデスクの前に対面する形で椅子が置かれている。これにより，相談をする方が立ったまま話を聞くことがなくなり，互いが腰を据えて話をすることが可能となる。

　これについては池上彰（ジャーナリスト）も，相手と目の高さを合わせることは，話を聞くための第一歩であり，「聞きたい」という気持ちを物理的に表現できると見なしている。

　また，2018年の平昌五輪で銅メダルを獲得したカーリング女子チーム「ロコ・ソラーレ」の本橋麻里は，コミュニケーションとはデータであり，仲間のことを徹底的に調べ，学ぼうとしないと成功しないと言う。

　また，なんとなくチームにいるのではなく，それぞれに明確な役割を持ってもらうことで責任感が芽生えるとも言う。それは「あなたにはいてもらえないと困る」というグループとしての明確な意思表示にもなるとする。これは，グループ内で1人だけが仕事を抱えてしまうと，他のメンバーの能力を発揮できる機会を損なうというリスクを減らす効果もあると見なす。

　また，キングジムでは1年間で最も活躍した人を選出し，翌年の始業日に「社

長賞」として表彰している。会場を借りずに社長室で，社長が直接手渡す形式にしている。こうしてヒーロー・ヒロインを毎年スタッフから見つけ出しているのである。

　さらに，自己申告制度という社長（及び専務・人事担当の役員）宛ての手紙を年に1回全社員が書けるようになっている。これをきっかけに社内での分煙が促されたという実例も出ている。

　他方，オリックスでは2017年からグループ会社社員を含め，5日以上続けて有給休暇を取ると，役職に応じて3〜5万円の奨励金を支給している。これにより，社員の心身のリフレッシュを促し，オリックスのめざす「キープ・ミックスド（「知の融合」から新しい価値を創造すること）」を推進し，生産性の向上を図っている。

(2) 誇り：「私は本当に意味あることに貢献します」

　① 自分の仕事：自分の意味ある仕事と違いを生む個人的貢献に対する誇り
　② チーム：自分のチームやワークグループが行った仕事に対する誇り
　③ 組織：組織の製品や地域社会での位置づけに対する誇り

　誇りに関しては，ピクサーのエンドクレジットが好例である。同社にとって初めてとなる映画『トイ・ストーリー』(1995) が完成した時，大手雑誌はいずれも，オーナーのスティーブ・ジョブズを大々的に取り上げた。当時まだ，新しいオーナーであるジョブズに対する社内での疑念や不安は数多あり，彼だけに光が当たるような記事に会社全体が陰に入った感じになっていた。

　そのことをよく知る者の1人が，当時ピクサー・アニメーション・スタジオCFO兼社長室メンバーだったローレンス・レビーである。もっと社員の貢献を讃えたいと考えたレビーは，2作目となる『バグズ・ライフ』(1998) のエンドクレジットに映画制作に直接関わった社員（前線部隊）だけでなく，財務・マーケティング・人事・資材・購買といった管理部門や支援部門（無名のヒーロー）の名前も載せることをプロデューサーに提案した。

　エンドクレジットが重く見られるハリウッドで，これは困難なことだった。そこで採られた解決策が，種類の異なるクレジットの追加というものであった。つまり，エンドクレジットが終わった後に，スクリーンの下から"thanks to everyone at pixar who supported this production（映画制作を支えてくれたピクサー社員に感謝する）"という文字が上がってきて，それに続いて管理部門で働く社員の名前が登場したのである。

　これについて，レビーは「彼らが一生懸命働いていること。彼らがいなければその映画は完成しなかったであろうこと。そして，たとえつかの間であっても彼らの名前にスポットライトが当たるべきであることは間違いない」と見なす。

(3) 連帯感：「わが社の社員はすばらしい」
　① 親しみやすさ：自分らしくいられる環境が整っている
　② 思いやり：社交的で親しみやすく，歓迎する雰囲気がある
　③ 仲間意識：「家族」意識や「チーム」意識

　連帯感について，例えば国産牛ステーキ丼専門店の佰食屋は，営業時間を11 時から 14 時半ないし 15 時までとし，その時間で 100 食を売り切るというスタイルを採り，社員はどんなに遅くても 17 時 45 分には退勤できるようになっている。つまり「早く帰れる」ことを魅力的なインセンティブとしているのである。これは「社員が自分の好きなことに使える時間が必ずとれること」と「会社が必ずそれを認めてくれること」を示している。

　これに関して同社創業者の中村朱美は，就業時間も働き方も仕事も役職も，そして仕事の後の時間を何に使うかを自分が決められるという「自己決定権」があることで，人生の幸せは決まると見なす。

　また，2014 年からサンリオピューロランドの来場者 4 倍の V 字回復を導いた小巻亜矢（2019 年よりサンリオエンターテイメント代表取締役社長）は，その理由の 1 つに「人をはぐくむこと」を挙げる。

具体的には，① 役員や部署ごとのワークショップから，サンリオピューロランドの可能性や潜在的な強み（屋内型であること，ショーのクオリティの高さ，キャラクターの可愛さなど）を見出した。② 1 回 15 分のウォーミングアップ朝礼で，接客スキルの基本を身につけさせるとともに，笑顔を引き出すことで仲間意識を芽生えさせ，バックヤードの雰囲気が明るくなった。③ いろいろな人たちが話し合う場として「対話フェス」を開き，部署の壁や立場の違いを越えたコミュニケーションを促進させた。

　これらによって，サンリオエンターテイメントの理念である「みんななかよく」をサンリオピューロランド全体に浸透させたのである。

　付記すると「人をはぐくむこと」以外の V 字回復の理由には，① イケメンミュージカルや大人仕様のパレードなどを実施し，メインターゲットを子どもから「大人女子」に変えたこと，② レストラン内を子どもっぽい雰囲気からキャラクターの輪郭をなくした「大人かわいく」にしたこと，③ ピューロランドだけのオリジナルグッズ（「品川紋次郎」など）を来場動機につなげたこと，④「屋内型＋キャラの個性」を生かしたイベント（イースター，夏フェス，ハロウィン，クリスマス）などが挙がる。

　GPTWI は，「最高の職場」の調査を行っているうちに，ビジネスにおいて，これから開拓すべきなのは，働く人の潜在能力を余すところなく開発することで業績の向上をめざすという新たな領域であることに気づいた。こうした人の潜在能力の最大化を実現するには「全員型（フォー・オール）働きがいのある会社」になる必要がある。

　そこで注目したのが「そもそも働きがいとは何であるのか？」という点である。GPTWI は，働きがいとは「働きやすさ」と「やりがい」に分けて捉える。働きやすさとは，快適に働き続けるための就労条件や報酬条件のことであり，「働き方改革」の取り組みの中心テーマとなる，目に見えやすいものである。やりがいとは，仕事に対するやる気やモチベーションなどであり，仕事そのものや仕事を通じた変化に起因する，目に見えにくいものである。

　この 2 つの要素で捉えると，職場は，① 働きやすく，やりがいもある「いきいき職場」，② 働きやすさはないが，やりがいはある「ばりばり職場」，③ 働きやすいが，やりがいはない「ぬるま湯職場」，④ 働きやすさもやりがいもない「しょんぼり職場」という 4 つのタイプに分かれる。

　したがって会社のマネジメントは「全員型」を採りながら「いきいき職場」をいかにつくり出していくかということに注力しなければならない。

4.　ドリームスの達成

　昨今の経営組織論では，選ばれる職場というのは報酬や肩書ではなく，最高の自分になれる組織が理想の組織であると見なされる。理想の組織の特性には，次に挙げる「夢（DREAMS：各フレーズの頭文字を取ったもの）」の原則が少なくとも 1 つ以上が達成できるように努められているとされる。

（1）**違い（ディファレンス）：「ありのままでいられる場所。他者とは違う自分のあり方や物の見方を表現できる場所で働きたい」**

　違いを受け入れ，違いから付加価値を生むような組織をつくること。そのためにリーダーがとるべきアクションは次の 6 つとなる。

　① 様々な特性の中でも，特に思考プロセスや人生経験の違いを理由に人を雇う。② 採用選考と新入社員教育を人事部に任せきりにしない。③ 違いとその表現方法にもっと寛容になる。④ 「キャラクターのある人」が持っている違いをさらに育てる。⑤ 評価指標は，創造的な驚きが生まれる余地があり，成長曲線に違いがあることを認識できるように設計する。⑥ 価値観に対する見解の一致を求めながらも，個人が創造的な表現をする余地を認める。

（2）**徹底的に正直であること（ラジカル・オネスティ）：「今実際に起こっていることを知りたい」**

　内部と外部，両方にいる人々とのコミュニケーションが重要となる。そのためにリーダーがとるべきアクションは次の 5 つとなる。

① コミュニケーションは正直に，かつ迅速に。② 多くのコミュニケーションチャネルを使う。③ スタッフの期待と不安について，組織全体で徹底的に正直に話せる工夫をする。④ コミュニケーションをできるだけシンプルに保つ。⑤ フィードバック・ループを構築する。

(3) 特別な価値（エクストラ・バリュー）：「私の強みを大きく伸ばしてくれて，私自身と私個人の成長に特別な価値を付加してくれる組織で働きたい」

優れた人材をさらに磨き上げるために投資すること。そのためにリーダーがとるべきアクションは次の5つとなる。

① 能力開発のチャンスを与える。② 社員に価値を付加する。③ スター社員はそのまま輝かせ，業績の低い社員は成長させる。④ クライアントや顧客，コミュニティ，ステークホルダーとの関係に，特別な価値を付加することについて考える。⑤ 組織が個人に価値を付加するために，外部の機会を活用する。

(4) 本物であること（オーセンティシティ）：「誇りに思える組織，良いと思えることを本当に支持しているような組織で働きたい」

企業のアイデンティティが一貫しており，社員が企業の価値観で行動しており，リーダー自身が本物であること。そのためにリーダーがとるべきアクションは次の4つとなる。

① 自分の中にある「本物であること」を行動で示す。② 自分の中にある「本物であること」の個人的ルーツを理解する。③ 自分が何を良いものとして支持しているのか，何に誇りを持っているかを伝える。明確に，シンプルに。④ 本物であることについて，他者からのフィードバックを得る。

(5) 意義（ミーニング）：「毎日の仕事を意義あるものにしたい」

エンゲージメントしつつ，① コネクション，② コミュニティ，③ コーズ（大義）の3Cに注視すること。そのためにリーダーがとるべきアクションは次の5つとなる。

① 自分の動機 (ないし何が有意義かという感覚) が他者と同じだとは思わない。② 意義あるものを見つけようと思ったら，様々な経験を取り入れ，居心地の良い場所から外へ足を踏み出すこと。③ あらゆる機会を使って，自分の組織の取り組みと成果を，広くコミュニティにつなげていく。④ 組織が存在する理由を，明確でシンプルで覚えやすい方法で，繰り返し述べる。⑤ 職場にコミュニティをつくる。

(6) シンプルなルール：「バカげたルールや，一部の人だけに適用されて他の人には当てはまらないようなルールに邪魔されたくない」

　自由裁量の幅が広いこと。そのためにリーダーがとるべきアクションは次の6つである。

　① 物事がうまくいかなくても，新しいルールをつくりたいという誘惑を退ける。② 自分でしないようなことを他人に頼まない。③ そのルールが，全てのステークホルダーに，どのような影響を及ぼすのかを確認する。④ 組織は必要な程度にだけ複雑であるべきで，決してそれ以上複雑であってはならない。⑤ ルールの目的を説明する。⑥ 根本をなす事業プロセスをいつでも再検討できるようにしておく。

　以上のようなドリームスの達成には，組織のエンゲージメント (積極的関与) が必要となる。チェンジ・マネジメント論者のバッコルツ博士 (ネブラスカ大学) らの定義では，エンゲージメントは「社員が組織の変化に対して肯定的に捉え，通常の仕事以上のエネルギー (大きな自由裁量のエネルギー) を投入する」ものとなる。

　そして，エンゲージメントの5要素として，次のものを挙げる。① 未来の可能性：未来に信じる何かがあること，② 当事者責任：個人が求められていることを明確に理解すること，③ つながり：協働を大切にするマインドセットを持つこと，④ 一体感：情報を与えられ，決定プロセスに関与できること，⑤ 存在価値：自分が輝ける居場所があると感じること。これらの要素はいず

れも，これまでの論点と符合するものとなっている。

5. 社員が活きる組織体：ホラクラシー，ティール

　テッセイ（JR 東日本テクノハート TESSEI）による新幹線の清掃業務での意識
改革には，以上に見てきた組織マネジメントのエッセンスが詰まっている。

　東京駅に到着した新幹線が再び出発するまでの時間は，平均して 12 分間で
ある。乗客の乗降時間を除くと，清掃時間は約 7 分となる。テッセイは 1 チー
ム 22 人体制で，11 チームが稼働し，1 チーム 1 日当たり 20 本の新幹線を清掃
している。その際に 1 人 1 車両の清掃を受け持っている。

　そこでの清掃員の美しい所作（ユニフォーム，帽子，整列して一礼など）は，現
場発のアイデアである。これは「7 分間の奇跡」あるいは「新幹線お掃除劇場
（クリーニング・シアター）」と呼ばれる。2016 年からはハーバード・ビジネス
スクールで "Trouble at Tessei" というケースとして，リーダーシップ・コー
スと技術経営コース共同の必修カリキュラムで取り上げられている。

　この奇跡の契機となったのは 2005 年，矢部輝夫がテッセイ取締役経営企画
部長に就任した時である。当時は乗客からのクレームは多く，離職率は高く，
上下関係が厳しい現場であった。矢部輝夫が現場を見て回ると「しょせん自分
は清掃員」という意識が蔓延していたと言う。掃除自体はまじめにするのだが，
トップダウンの管理体制が現場のやる気を損ねていたのである。

　組織進化論の視点で捉えると，組織のステージは「バリエーション（立ち上
がり期のメンバーの考え方の多様性）」に始まり「セレクション（実施しやすい事
業の進め方が分かり始め，それが選ばれるようになる時期）」から「リテンション
（その選択の維持・遵守）」していく。そこから組織がさらに成長するには，周
囲の環境変化に対応した「再度バリエーション（さらなる変化）」が求められる。
その時期のテッセイが，まさにこの段階にあった。

　テッセイの再度バリエーションで必要だったのは，仕事の価値の「再定義」
であった。「みなさんは掃除のおばちゃん，おじちゃんではない。世界最高の
技術を誇る新幹線のメンテナンスを清掃という面から支えているのだ」という

ことを繰り返し，唱えた。従業員の不満・提案を「価値ある助言」として聞き
入れ，1つずつ応じた。

　これは上司が部下とともにアイデアを出し合い，実施するというマネジメン
トスタイルを示しており，自ら現場へ溶け込んでいく形のリーダーシップであ
る。

　モチベーションの観点から見ると，この対応は給料や昇進や周囲からの評価
といった「外発的な動機（エクストリンシック・モチベーション）」ではなく，や
りがいのある仕事や楽しさといった「内発的な動機（イントリンシック・モチ
ベーション）」を呼び起こす。内発的な動機を強く持つ人の方が，創造的な成
果を出しやすいという研究結果（Grant and Berry 2011）があるが，その好例を
示している。

　また，リーダーシップの観点では，部下の自己意思を重んじて取引を行うよ
うな形でアメとムチを使いこなす「トランザクティブ・リーダー」よりも，事
業の将来性や魅力を前向きに表現してモチベーションを高め，部下と個別に向
き合ってその成長を重視する「トランスフォーメーショナル・リーダー」の好
例を示す。このタイプのリーダーの方が，内発的な動機を高めやすいという調
査結果（Piccolo and Colquitt 2006）もある。

　付記すると，トランザクティブ・リーダーには，① コンティンジェン・リ
ワード（成果に対する正当な報酬・昇進・賞賛を行うこと），② 能動型マネジメン
ト・バイ・インセプション（部下の失敗を未然に防ごうとすること），③ 受動型
マネジメント・バイ・インセプション（部下の失敗に対処すること）という3つ
の資質があり，1人のリーダーが併せ持つことができると見なされる。

　また，トランスフォーメーショナル・リーダーの資質には，組織のミッショ
ンを明確に掲げ，部下の組織へのロイヤルティを高めること。常に新しい視点
を持ち込み，部下のやる気を刺激することなどがあり，総じて啓蒙を重視する
ものと見なされる。こうした資質は女性の方が持ちやすいという指摘もある。
実際，前掲の小巻亜矢は自身を「お母さん型リーダーシップ（耳を傾け，成長
を促すサーバント・リーダー）」と見なす。

こうしたトランスフォーメーショナル・リーダーと内発的な動機を促すマネジメントやリーダーシップに相応しい組織体は「ホラクラシー」と称される。

　ホラクラシーとは，社員全員が担当事業の責任者となり，意思決定も1人で行うという階層のない現場型組織であり，京セラのアメーバ経営に近い。語源に当たるホロンは，それ自体で全体としての性質を持つが，より大きな全体の部分になっているものという意味である。そうしたホラクラシーの原動力は，その組織に属するメンバー一人ひとりが持っている「周りの現実を感知する能力」による。

　『コア・コンピタンス経営』の著作で高名な経営学者であり，世界的企業のコンサルタントを務めるハメルは2009年のワールド・ビジネス・フォーラムにおける「タイム・フォー・マネジメント2.0」というスピーチで「激動する世界の勢いに，組織の適応力は追い越せない。そのような変化を想定して構築された組織ではないからだ」と述べた。ハードウェアとしての組織の限界を示す発言である。

　これに対して，適応性のあるソフトウェアとしての組織は，社員が周りの現実を感知する能力で決まる。良いリーダーとは，その感知力を最大限に活用できる「サーバント・リーダー（奉仕するリーダー）」である。サーバント・リーダーのもとでの組織改革は小手先ではなく，最も根本的な部分がアップグレードされる。

　それがホラクラシーであり，組織を管理運営するための新しいソーシャル・テクノロジーとなる。ホラクラシーの目的は，組織がその目的をよりよく表現できるように，社員のクリエイティブな能力を解き放つことにある。

　「絶対君主のような権限を誰かに与えれば，いずれとんでもないゴタゴタが起きる。最強の権力を持つ管理職は，最前線の現実から最も離れたところにいる。ギリシア神話の神々が御座すオリンピア山の頂上で下された決定は，大抵，麓では使い物にならない」というハメルの言葉は言い得て妙である。

　全社員が自ら感知した問題に「局地的に」対処する権力を持つことが必要であり，管理職は一歩下がり，他の者は一歩前に出るように習慣づけること。「ボ

スレス（ボスなし）」だが「リーダーであふれる組織」であり，主役は「人間（ソウル）」ではなく「役割（ロール）」であること。しかも1人で何役もこなしてよい。そうした組織体（ホラクラシー）こそ，現代において最もフィットするという考え方である。

　組織変革プロジェクトのコーチとして活動するラルーが唱える「ティール（進化型）」という次世代の組織モデルも同様の特徴を持つ。ティールは次の3つの特徴を持つものとされる。

　① 自主経営（セルフマネジメント）：階層やコンセンサスではなく，仲間との関係性（信頼・説明責任など）の中で動くシステム。② 全体性（ホールネス）：誰もが本来の自分で職場に来ることができ，仲間・組織・社会との一体感を持てるような風土や慣行（等しい価値・敬意・フィードバックなど）がある。③ 存在目的（エボリューショナリー・パーパス）：組織自体が何のために存在し，将来どの方向に向かうのかを常に追求し続ける姿勢を持つ。

　こうしたホラクラシーないしティールは，極限において目に見える形で周囲に示される。3・11の震災直後，東北のヤマト運輸は本社との連絡が不通となったが，自分たちがやるべき仕事は「地元自治体に救援物資を配送することだ」として，早急に実行した。これは「ヤマトは我なり」ということを個々の社員が役割（ロール）をもって示したことになる。

　あるいは，山崎製パンはトラックで輸送中，震災に遭い，配送困難になったパンをその場に居合わせた人々に無料で配った。これは同社の企業理念である「良品廉価・顧客本位」に基づき，「パン屋の使命」を果たすべく，本社に確認を取らず，その場の社員の判断でとった行動だった。

　要するに「いま・ここ」を感知してアドリブで，周囲が求めるものに沿うように動けるかどうかということである。

6. ビジネスにおける創造性を向上させるためのマネジメント

　かつてドラッカーは，史上最も成功したマネジャーは，およそ4500年前のエジプトで，先例のないピラミッドの建設を統括した人物であると見なした。

当時，どのような統制法によって指揮が執られたのかは定かではないが，現代の経営管理論では，独裁的な管理スタイルは巧くいかないと見なされる。

つまり，管理職になりたての者は，直属の部下に業務を指示しても，従ってもらえるとは限らない。部下が有能であればあるほど，単純に指示に従う可能性は低い。前章で見たように，マネジャーの権威は部下・同僚・上司と信頼を築くことで生まれるものである。部下は権威主義的なマネジャーがいると，そのチームを去る可能性が高いということも指摘される。

このような事態に陥らないようなマネジメントの在り方が重要となる。アマビール教授（ハーバード・ビジネススクール）は，ビジネスにおける創造性は次の3要素から成るとしている。

①専門性・専門能力：知識のことであり，どのようにそれを習得したかは問われない。②創造的思考スキル：問題に対して柔軟かつ創造的に新しいアプローチが採れる。③モチベーション：特に内因的モチベーション（内なる情熱）が，創造的な解決策を導き出す。

要するに，これらの創造性を向上させるものがマネジメントであり，そのスタイルには次の6つを採る必要がある。

①適切な仕事の割り当て，②仕事の方法や手順についての裁量権の付与，③適切なリソース（時間と資金）の配分，④多様性のあるチームの編成，⑤上司からの激励，⑥組織のサポート体制。

ここから分かることは，画期的な手法ではなく，昔から言われているマネジメントの基本的役割を抜け目なく行うことに尽きるということである。

特に④については，互いに補完し，刺激し合える，多様な視点と背景を持つ人材を集めることが，創造性の高いチーム作りの鍵になるとアマビール教授は指摘する。そうした異質性の組み合わせでアイデアを豊富に生み出し，創造性を追求する手法は，ブレークスルー思考とも呼ばれる。

〈本章を身近に感じるためのエクササイズ〉

1.「人本主義」である日本企業には，どのようなところがあるか調べてみよ

う。

2.「最高の職場（グレート・ワークプレイス）」の評価基準の1つである「信頼」の観点から，それを実践できている企業の実例を挙げてみよう。

3.「最高の職場（グレート・ワークプレイス）」の評価基準の1つである「誇り」の観点から，それを実践できている企業の実例を挙げてみよう。

4.「最高の職場（グレート・ワークプレイス）」の評価基準の1つである「連帯感」の観点から，それを実践できている企業の実例を挙げてみよう。

第7章　デザイン経営の6つのセンス

〈本章を理解するためのキーワード〉
一任主義，デザイン哲学，突破戦略，コア・エッセンス

1.「作りモノ」から「売りモノ」「売れるモノ」への転換

　人々がモノに飾り付けや美しさを求めるようになったのは，いつの頃からだろうか。その思いを巡らせるに十分なエビデンスがある。

　5万年前のスペインにて，小さな穴が開いたオレンジ色などの貝殻があったことが確認されている。この穴は紐を通して首飾りにするために開けられたもので，オレンジは朝日の輝きや焚き火の色をイメージさせ，闇を払ったり，暖かさを感じたりするために付けられたと見なされる。これらは，旧人と呼ばれるネアンデルタール人の貝細工と見なされ，彼らがオシャレを楽しんでいたことが推測される。

　また，石器時代のスイスの湿地で暮らしていた人々は，美しい色合いで織物を編んでおり，果物の種を用いて，布地にアクセントを付けていた。他にも，動物の骨・歯，あるいは木の実などを装飾に使っていた。もちろん，それで使い勝手が良くなるわけではない。目先の必要にとらわれない，デザインへの関心が太古の昔からあったということである。

　もう1つ興味深いのは，死者への弔いについてである。ネアンデルタール人の墓には，洞窟で咲くはずのない花々の花粉が大量に発見されており，それは異論もあるが，花が手向けられた最古の例とされる。

　また，現生人類では1万2000年前にイスラエル北部の洞窟で見つかった埋葬の遺跡にて，花粉の付いた遺骨が発見された。つまり，遺体の下や脇にサルビア属，シソ科やゴマノハグサ科などの花が敷き詰められていたと推測される。死者に対する人々の思いやり（美しく送り出そうとする心遣い）がそこに見受けられる。

　「人類のものづくりを冷静に観察すると，98％ぐらいはフリルのほうにエネ

ルギーを注いできている」と，原研哉（グラフィックデザイナー）が指摘するように，装飾こそデザインであると近代まで見なされてきた。

　それが本書第8章・第9章で取り上げる±0や無印良品に代表されるように，装飾主義から抜け出し，シンプルさや合理化をめざそうとする動きが，モダンデザインとして位置付く。デコレーションよりも素材そのものや，そのモノ本来の在り方を重視する考え方である。

　商品についても，その審美は「機能的でありながら，デザイン性も高いこと」が基準となる。

　1951年，オニツカ社の鬼塚喜八郎が地元・明石の名物であるタコの酢の物を食している際に発想を得た「タイガーバスケットボールシューズ」は，機能第一に考えつつも，どの国にもない吸着盤型デザイン（ソール全体をタコの吸盤のように凹みを深めて，ストップ性とスタート性を高めるもの）を試みて生まれたマスターピースだった。

　そうしたオニツカ社のデザインするシューズに惚れ込んだフィル・ナイトが，ナイキの前身となる会社（ブルーリボン・スポーツ社）を立ち上げて，アメリカで販売したことが，その完成度の高さを如実に表している。

　ちなみに「タイガーバスケットボールシューズ」は「オニツカタイガー」や「アシックスタイガー」とも呼ばれたことから分かるように，オニツカ社は後に合併を通じてアシックスとなる。アシックス（ASICS）の由来は「健全なる精神は健全なる肉体に宿る」という意味のラテン語（Mens Sana In Corpore Sano）のMensを，より躍動的な精神を表すAnimaに置き替えて（Amina Sana In Corpore Sano），その頭文字を取ったものである。

　また21世紀初頭，日本の家電製品で初となる，ポンピドゥーセンター（パリの近代美術館）の永久収蔵品に選ばれたのが，シャープの「アクオス（2001年発売当時，奥行き6センチの薄型28型液晶カラーテレビ）」だった。「アクオス」は，ミュンヘン州立美術館やハンブルグの美術工芸博物館のデザイン部門の永久展示品にも選ばれた。

　このデザインを担当した喜多俊之は，その特徴に，① 斬新である（膨らみを

帯びたスピーカーなど），②日本の伝統的なものづくりの心がある（国産：世界の亀山モデル），③生活空間になじむ家具のような使い勝手，④購入した喜びを実感できる素材感といったものを挙げた。デザイン面では未来的（それまでになかったモノ）でありながら，クオリティ（細かい仕上げ，企業の技術的な工夫の集積）も高い，オリジナルデザインという点が評価された。

　家電がミュージアムのパーマネント・コレクションとなる例として外せないのが，ダイソン社の「デュアルサイクロン」である。吸い込んだ空気を竜巻状に回転させ，遠心力で空気とゴミを分離する仕組みを持つ掃除機であり，日本での販売名は当初「G・フォース」だった。

　同製品は1990年にV&A（ヴィクトリア・アンド・アルバート・ミュージアム）20世紀ギャラリーの永久展示品に選ばれた。ロンドンの科学博物館，ロッテルダムのボイマンス・ファン・ベーニンゲン美術館などでも永久展示品となった。「T型フォード」に始まり「コカ・コーラ・ボトル」「レゴ・システムズ」「ウォークマン」「iMac」に至るまでの20世紀のプロダクトデザイン史に刻まれたのである。

　その生みの親であるジェームズ・ダイソンは，ブランドとは2つの製品が同等の場合に限り，重視されると言う。曰く，いずれかの技術やデザインが優れているならば，ブランドは不問で，その優れた方が売れる，と。その証拠に，製品に「ダイソン」の社名は目立たない程度に付けられている。つまり，ダイソン社はブランドではなく，技術とデザインで勝負しているのである。

　このように，機能性を宿した「作りモノ」にデザイン性を加味した「製品（売りモノ）」が「商品（売れるモノ）」になる。

　「美は機能をぎりぎりまで追求することでしか獲得できない」「機能から生まれたデザインは，これは良いよ，買うべきだよとモノが自ら語ってくれる」「製販図を眺めていてもアイデアは生まれてこない。外へ出ていろいろなものを見よう」といったジェームズ・ダイソンの見解は，モノが飽和した現代消費社会では，デザイン経営（デザインの社内での位置付けを正しくし，デザインと他部門のバランスを取り続け，デザインによる差別化戦略を支援すること）に注力しなけ

れば，ビジネスは成立しない時代に来ていることを示唆している。

2.　レシピ（デザイン思考法）ではなく，センスが決定的な違いを生む

　2019年にTBS系列で放映されたテレビドラマ『グランメゾン東京』の中で「他店にレシピを真似されたからといって，味まで再現されることはない」というエピソードがあった。確かに料理本を見ながら，その通りに調理してみても，上手に出来上がるとは限らない。

　これは，経営にも当てはまる。実務本で学んだことを現実で活かすのは難しい。また，同じモノ（資金・備品）を用いても，その使い方は人による。無駄使いに終わる場合も多い。何を・いつ・どのくらい・どのように使用するのかという段取りの微細な差で，成果は大きく変わる。それは本書第5章で見たビジネスリーダーの手腕の違いでもある。

　調理過程でのシェフの絶妙な味付けのように，経営にもリーダーによる状況適応のセンスが求められる。とりわけデザインを管理して組織化するデザイン経営では，レシピ（デザイン思考法）こそ豊富に出ているが，それを巧く実践できる手際の良さは千差万別である。

　ここで，そのレシピには，どのようなものがあるのかを見ておこう。現在において，デザイン思考法には主に以下のようなものがある。

〈12のデザイン思考法〉

① リテーブル（思考を広げる）：具材を組み合わせるように「人×モノ×場所」の変数を挙げていく。

② クレイジー8（思考を深める）：用紙を8つ折りにして8マスを作り，1マス1分でアイデアを書いていく。

③ ブレインライティング（皆で効率的にアイデアを生み出す）：寄せ書きをするように，アイデアを書いた紙を隣人に回していく。

④ サムワンズシューズ（視点を変える）：他者（他業種他社）の立場になって商品を企画する。

⑤ フリップ・ザ・オーソドキシーズ（枠内発想から脱却する）：業界の常識外を考える。

⑥ デロリアン（未来視点で考える）：映画『バック・トゥ・ザ・フューチャー』の車型タイムマシン「デロリアン」のように，将来に向けたモノを考える。

⑦ ドットボーディング（アイデアの選択）：アイデアを掲示し，丸いシールを貼って投票する。

⑧ ストーリーボーディング（体験の流れをつくる）：絵コンテのようにイラストで示す。

⑨ ビデオプロトタイピング（映像で心を動かす）：⑧ を映像で表現する。

⑩ ユーザー観察（潜在的ニーズを見つける）：人々の生活を洞察する。

⑪ ゲリラリサーチ（誰も知らない自分だけの知見を得る）：街頭でランダムにインタビューする。

⑫ ジャーニーフォロイング（体験のフローを見る）：観察相手を決めてトラッキングする。

　フィリップスなどでデザインマネジャーを務めたロバート・ブライチが，企業によるデザインの管理は「終わりのない仕事」と言うように「これで出来上がり」という落としどころはない。そうであるから，なおさらにセンスの違いが決定的になる。そうしたデザイン経営センスには，次に挙げるような6種類があると考える。

3．6種類のデザイン経営センス

(1) デザイナーをリソース化するセンス

　デザイン経営センスの1つ目は，どのデザイナーをリクルートするか。ヘッドハントするか。アライアンスするかという仲間選びに関するものである。つまり，自社に見合うデザイナーをどのような形で雇うのか（リソース化するのか）についてのセンスである。

　このセンスは，デザイナーへの好待遇と一任主義として現れる。例えば壽屋

（後のサントリー）は戦前，大学卒の初任給が約30円だった時代に，デザイナーや広告担当者に500円という破格の高給を与えた。さらには彼らの才能が最大限に発揮できるように，その仕事に口出しをしなかった。「洋酒は文化として販売しなければならない」という自覚があったからである。「赤玉ポートワイン（1907年発売の甘味果実酒）」の広告がそれを雄弁に語る。

　また，ソニーでは大賀典雄がデザイン室長だった期間（1960年代前半）に，トップの井深大と盛田昭夫から絶対的な権限委譲をもらった。プロダクト，プランニング，デザイン，広告，販売などあらゆる活動を「好きなようにやってよろしい」と言われたのである。

　両社に共通していたのは，デザイナーを適材適所に据えた後には「支援はするが管理はしない（金は出すが口は出さない）」という一任主義を貫いているところだった。一任することがデザイナーの才能をフルに引き出すのである。

　他にも，無印良品を立ち上げる際の西武流通グループ（本書第9章参照），スタジオジブリを設立する際の徳間書店，さらにはピクサーとオーナーのスティーブ・ジョブズなどが，こうした一任主義の関係にあったと言える。

　これについては，トム・ピーターズも「デザインにこだわるとは，デザインするその行為に投資すること。つまり，思いきって超一流のデザイナーを一人か二人雇うことである。だからデザイナーに任せてみよう」と語る。

　とはいえ，最終的な意思決定はマネジャーが下す。あくまでデザイン活動に自由を授けるために一任するのであり，そのデザイン成果を評価し，いつまで一任を続けるかを判断するのはマネジャーの責務である。この関係は三蔵法師（マネジャー）と孫悟空（デザイナー）のように，手のひらの上に限り，闊達に動き回るというものである。

　21世紀に入っては，社外デザイナーの活用が顕著になった。原研哉，深澤直人，佐藤可士和，吉岡徳仁，佐藤オオキなど枚挙に暇がない。

　一例を挙げると，大貫卓也による資生堂「TSUBAKI」がある。大貫卓也は，それまで新潮文庫の「Yonda?」，ペプシコーラの「ペプシマン」，日清カップヌードルの「Hungry?」，豊島園の「プール冷えてます」などを手がけたアー

トディレクターである。

　映画『FLOWERS』(2010) の企画・製作総指揮も務めたが，そこに出てくる女優陣は全員 2006 年に発売された「TSUBAKI」の広告に出ていたことでも話題となった。それは彼が「TSUBAKI」の開発プロジェクトの立ち上がりから参加していたことによる。

　「TSUBAKI」は社長直轄のプロジェクトとして，企画担当者・デザイナー・マーケティング担当者など開発関係者全員が最初から最後まで責任を持って参加する形で 2004 年に緒に就いた。そうした開発チームに，プロジェクトメンバーと同等に社外から加わったのが大貫卓也だった。

　彼が広告宣伝からパッケージのアートディレクション，発表会・イベント会場の演出など，消費者とのタッチポイントとなる全ての面に携わることで，「TSUBAKI」のメッセージをブレることなく，消費の現場まで届けることができた。

　テレビコマーシャルは，一人だけでも高額なギャラが発生すると見なされる日本の女優を贅沢に何人も一斉に起用し，さらにテーマソングは SMAP が歌うという豪華なものとした。それは「TSUBAKI」の「リッチネス」という商品価値をそのまま示すものとなった。

　同時期では，本章第 4 章で取り上げたように，日本香堂が医学全書の「医心方」から名付けた新ブランドとなる「ISSIMBOW Katachi-koh」というお香をグラフィックデザイナーの松永真に一任していた。ブランドの立ち上がりから携わり，商品の色・形・パッケージなど，そのデザインを総合的に手がけたのである。

　同商品は第 9 回亀倉雄策賞（日本グラフィックデザイナー協会主催）を受賞したが，その際の松永真のコメントに日本香堂のデザイン経営センスを見ることができる。曰く「僕たちは，いつも最後に手招きされて『時間も金もなくなったけど，いいポスターつくってね』と言われる。40 年やってきて，最初からやる仕事は初めて」と。

　付記すると，亀倉雄策は東京オリンピックのポスター，ニコンのロゴタイプ

などで知られる昭和のグラフィックデザインの草分け的存在だった。率直なデザインで，バウハウス的な非常にしっかりとした構成の抽象的ポスターを通じて，日本で初となるデザインポリシーを打ち立てたとされる。

「TSUBAKI」や「ISSIMBOW」のように，社外デザイナーをプロジェクト単位で起用する以外に，社外からデザイナーを招き，自社のデザインリーダーとして長期間雇い入れる手法もある。これは企業経営が危機的状況にあり，デザインをビジネス蘇生のための切り札として活用する場合に功を奏す。

最も顕著なものには20世紀末，日産リバイバルプラン実行の任に就いたカルロス・ゴーンが，いすゞ自動車の中村史郎を日産デザイン部門のチーフ・デザイナーとして迎え入れた例が挙がる。

カルロス・ゴーンは昨今，世間的に別の話題で有名になったが，その経営の手腕を辿ると，日産工場の大規模なリストラを行う前に，デザインを技術・開発から分離し，社長直轄の部門に据え，デザインの強化を図っており，そこにデザイナーのリソース化というセンスを見ることができる。

1999年当時，中村史郎は「ゴーン社長は日産に着任した当時から『ブランドを語るのは言葉ではなく，デザインである』と言っており，デザインの重要性と日産デザインの持つポテンシャルを見抜いていた。同時に新しい体制での新しいデザインマネジメントの必要性を感じ，社外にデザイン責任者を求めた」と語っていた。

これは，ゴーン以前の日産の自動車のデザインは，技術・開発部門のトップが最終的な決定権を持っていたことに対する改革であったことを示す見解である。日産が自動車を単なる製品（売りモノ）ではなく，再び情報の発信源（トレンドセッター）と言われるような商品（売れるモノ）として捉えることのできる企業文化（日産らしさ）を取り戻すためにヘッドハントされたのが，中村史郎だったのである。

そのデザイン部門が中心となり，日産復活の象徴的な商品となったのが10年来のデザイン更新となった「新型マーチ」（2002年発売）だった。「新型マーチ」は，ホンダの「フィット」やトヨタの「ヴィッツ」という競合車の代替商品と

なり，2002年度では年間販売台数3位という成果を残した。

「新型マーチ」は，価格帯が旧モデルと同等でありながら，デザイン性と機能性を高めた「売れるモノ」となった。それは，人が購入する時の2つの判断基準の双方に訴えかけたからである。つまり，頭（左脳）で考える理性的な部分（品質，価格，エンジンの馬力，操作性，居住性：室内空間の広さ，納期など）と，心（右脳）で考える感性的な部分（イメージ，デザイン，フィーリング，ステータス：個性の表現など）の両方に訴求したのである。

これは，ドラッカーが示した「成功するイノベーターは左脳と右脳を使う。数値を見て，そして人間を見る」というアプローチを地で行くものであった。

これに関しては，行動経済学の大家であるカーネマン名誉教授（プリンストン大学）が，人の脳は2つの思考モード（システム1，システム2）に分かれると説く。システム1は直感的に（右脳で）高速で判断し，システム2は論理的に（左脳で）時間をかけて判断するものであるという。

他にも「新型マーチ」では次のような転機を迎えた。① 提携企業のルノーとプラットフォームを共用して作った最初の製品となった。② 日本と欧州のスタイルを融合したグローバル・カーとなった。③ ゴーン改革後，初のエントリーレベル（「売れるモノ」としてモデルチェンジがなされた）車種であり，ベストセラーを狙える商品となった。

「新型マーチ」のヒットについて，カルロス・ゴーンは「顧客にブランド・スイッチさせる能力の有無が，良い製品（グッド）とベストセラー製品（ヒット）の分かれ目である。『マーチ』の購入顧客の40%は，他ブランドから乗り換えた顧客である」と語っている。

興味深いのは，カルロス・ゴーンも中村史郎もアウトサイダー（日産以外にいた者）であり，そうした彼らが日産蘇生の立役者となった点である。

しかしながら，その後に自動車業界は若者の自動車離れという問題に直面した。2008年，日産がロボティック・エージェント（知的生命体）にデザインした「ピボ2」やスポーティな「ラウンド・ボックス」を市場に投じたこと。2012年，メルセデス・ベンツがプロダクションI.G（日本のアニメスタジオ）と

のコラボレーションで「Next A-Class」という 6 分間のアニメーション（新世代コンパクトカーのキャンペーンの一環。キャラクターデザインは「新世紀エヴァンゲリオン」シリーズを手がけた貞本義行が担当）を制作したこと。2013 年，トヨタが「新型クラウン」にピンクのボディカラーを採用した特別仕様車「ReBORN PINK」を期間限定で販売したことなどは，そうした若者に振り向いてもらうための訴求だった。

　X 世代，Y 世代，Z 世代という分け方がある。平たく言えば，昭和っ子，平成っ子の前半，その後半といった区分になる。自動車が社会的なステータスの高さを示したのは，テレビや固定電話が主流だった昭和っ子（X 世代）である。

　それに比して，インターネットや携帯電話の時代に育った平成っ子の前半（Y 世代）や，スマートフォンが必須のアイテムである平成っ子の後半（Z 世代）は，自動車がなくてもオンラインで買い物ができ，映像コンテンツを楽しめる。したがって，自動車はあってもなくてもどちらでも良いモノ（インディファレント）と見なされる。

　さらには，環境汚染や交通渋滞といったネガティブな側面が「カッコ悪い（アンクール）」というイメージを引き起こすため，環境に優しい（エコ・フレンドリー）クルマづくりは必須の取り組みとなる。デザインでどれだけ若者の関心を集められるかが，自動車業界の今後の鍵を握っている。

(2)　デザインでブランドを築くセンス

　デザイン経営センスの 2 つ目は，どのデザイナーに何を担当させるかを取り決め，自社ならではの統一されたデザインを創出していけること。つまり，デザインのオーダーを定め，自社ブランドを築いていける（野球で言えば打線をつなげて得点に結び付ける）センスである。

　ブランドは企業が顧客と交わした約束（ブランド・プロミス）であると言われる。「ブランド中心経営」を提唱するウィルケン（実務家）は，ブランドが失敗する理由に次の 3 つを挙げる。① 誰も求めていない無関係な約束をする。② 果たせそうもない過剰な約束をする。③ コアな部分を変え，一貫性のない約

束をする。

　それほどブランド・プロミスは，顧客との関係において不可欠なものである。そこにおいてデザインは，約束を果たすための形を生み出すプロセスをなす。デザインのオーダーを定着させるには，盤石なデザイン組織のストラクチャー（構造）と，デザインをブランドの中で捉えるための揺るぎないフィロソフィー（哲学）が求められる。

　特にフィロソフィーについて塩野七生（歴史作家）は，哲学が求める重要なことは，① 曇らない目で観察する，② 考えるという 2 つであると見なす。これに倣うとデザイン哲学とは，その企業がデザインについてどのように見ていて，考えるかを示すものとなる。

　例えばトヨタは，2003 年より「日本生まれの会社」であることを忘れないために「J ファクター（世界価値に昇華した日本独自の美意識）」という言葉を用い始めた。日本の伝統とその背景にある価値観を積極的に評価し，なおかつ現代的に解釈し，デザインで示そうとするものである。

　これは，自動車業界でのポジショニング競争においても重要な概念である。欧州車のデザインは，メルセデス・ベンツが「クラシカル・エレガンス」。BMW が「スポーティヴ・エレガンス」。アウディが「ファンクショナル・エレガンス」。ポルシェが「アイコン」といった特徴を持つとされる。

　椅子取りゲームに例えると，これらの椅子はすでに取られてしまっているので，未だ座られていない椅子を探して，そこを陣取るしかない。同じポジションを取ると，キャラが被ることになる。とりわけ他国では，その国のメーカーが最も販売力があり，「余所者」が受け入れられることは難しい。そのために，トヨタは「J ファクター」を差別化の拠り所としている。

　そうした「J ファクター」を創出するデザイン組織は，デザイン本部―統括部（全てのデザイン組織を方向付け，まとめる）―管理部（リソース管理，モデル作業，CAD 作業を行う）と敷かれた。

　その下には，製品開発を担うプロダクションデザイン（レクサスデザイン部，トヨタデザイン部，デザイン開発部）と，先行開発や競作に取り組むアドバンス

ドデザイン（先行デザイン部，テクノアートリサーチ，キャルティ・デザイン・リサーチ社，TEDD）という 2 つの組織が置かれた。

テクノアートリサーチは 1986 年，愛知県名古屋市に関連メーカーとの共同によって設立された，トヨタグループで初となるデザイン会社である。

キャルティ・デザイン・リサーチ社は 1973 年，カリフォルニア州ニューポートビーチに設立された，アメリカ西海岸で初となるカーデザインスタジオである。2004 年にはミシガン州アナーバーにも設けられ，2012 年にはサンフランシスコにトヨタイノベーション・ハブも設立された（2017 年同州オークランドに移転）。

TEDD はトヨタ・ヨーロッパ・デザイン・ディベロプメントの略（通称：EDスクエア）であり，ヨーロッパでの先行デザイン開発組織の強化を目的として1989 年，ベルギー・ブラッセル郊外に設立された EPOC（トヨタ・ヨーロッパ・オフィス・オブ・クリエーション）が 2000 年フランスニースに移転した際にTEDD となった。

他にも 2006 年に上海デザインセンター，2014 年にトヨタ・ド・ブラジル・デザイングループ（サンパウロ）が設立された。

こうしたデザイン組織は「ヴァイブラント・クラリティ（明快，活き活き）」という「トヨタらしさ」を生み出すデザイン哲学を有する。このデザイン哲学は，次の 3 つのデザイン文法で実現される。

1 つ目は「パーフェクト・インバランス（美しく崩すこと）」である。単に空力ばかりを追求すると，実験車のようなフォルムが出来上がるので，最良の釣り合いをあえて崩し，洗練さを呼び込み，完成度を上げるということである。例えば，左右対称的な顔立ちの美形はパーフェクトであるが味わいに欠ける。どこか 1 ヵ所，特徴的なパーツ（大きな目元や口元など）があると，そこがチャームポイントとなり，惹かれる所になる。

2 つ目は「シンボリック・シンプリシティ（簡潔で印象に残ること）」である。自動車業界では，訴えたい造形テーマを際立たせる立体にすることを「パッと見て，グッと惹く」と言う場合がある。そのように説明をしなくても，その外

観を見てすぐに主張点が伝わるように，シンプルに仕上げるのである。通常，カー・ディーラー店はガラス張りなので，販売しているクルマを外からでも見ることができる。その際に一目見て気になり，心に残るモノになるかどうかが肝心なのである。

　3つ目は「フリーフォーム・ジオメトリックス（幾何学的な面に感情的な要素を取り入れること）」である。造形の過程では，ドライな線や面といった幾何学的な表現が多くなるので，その中に手描きの勢いのある要素を混ぜ，新しいデザイン風味を出すことである。極端なことを言えば，コンピュータを用いたら誰でも同じデザインができる。その中で個性を出し，差異化を図るには「手癖」を入れ込むしかない。

　これに関しては，三宅一生（衣服デザイナー）が次のような興味深い見解を示している。

　「いま，デザインを学んだ人は学校を卒業していきなり社会に出る。デザインをするときにはコンピュータがあるので，すぐにいろいろなことができる。しかし，それでは『心みたいなもの』を感じないのではないか。そうならないようにするには，手を使うことで（それが全身を使うことになるので）活き活きとすることが大事である」。

(3) 組織全体でデザインを援護するセンス

　デザイン経営センスの3つ目は，全社を挙げてデザインの威力を最大限に引き出すこと。つまり，デザイン部門を主軸（野球での4番バッター，将棋での飛車・角のような存在）に置き，トップだけでなく，他の部門も全力でそのバックアップをして，デザインの面で際立つ企業に仕立て上げるセンスである。

　例えばサムスンは，この組織的な整えにより，アジア企業の中でソニーを凌ぎ，さらにはトヨタと競り合うほどのグローバルブランド価値を有する企業に変身（シフティング・シェイプ）したと捉えることができる。

　これまでサムスンは，ブランディングのためにグローバルマーケティング部門への予算を大幅に増やし，世界の主要空港での販売や，大手ホテル室内での

製品の設置など，人々とのタッチポイントを豊富につくり出していた。空港に
てフライトを待つ間の空き時間や，滞在先の部屋にてテレビを視聴する時間と
いった，非日常でのアイドリング・タイムを格好の宣伝の機会に変えたのであ
る。

　それとともに注目すべきが，3つ目のデザイン経営センスである。このセン
スは，トップマネジメント陣にデザイナーが携わっているかどうかが決定的と
なる。デザイン部門出身者が役員として経営に関わらない限り，デザインを組
織全体に浸透させることは難しいからである。

　これは昭和のソニー，ホンダ，シャープに共通したセンスであった。ソニー
では黒木靖夫，ホンダでは岩倉信弥，シャープでは坂下清といったインダスト
リアルデザイナーが各社の経営に関与していた。サムスンもデザイン部門トッ
プのチャングクヒョン（鄭國鉉）が同社専務としてデザイン経営を牽引した。

　サムスンに第1期のデザイナーが入社したのは1971年であり，1977年には
デザイナー数は10名ほどであった。水原にあったデザイン部門がソウルに移
転したのは1994年であり，翌年にはデザイン研究院を設立して，デザイナー
の育成が行われた。

　1996年からは，デザインを競争戦略の柱に据えた「デザイン革命」を携帯
電話の分野で仕掛けた。1つのモチベーションとして，サムスンデザイン賞を
1997年から制定し，グランプリには年間の給与以上の賞与を，1階級の昇格と
ともに与えた。

　2001年では，各事業部門に点在していたデザイン部門もソウルのデザイン
センターに全て移転した。さらにはマーケティング部門と統合し，トップ直属
の組織にし，名称をデザイン経営センターとした。

　デザインセンターは海外の主要都市（東京・上海・サンフランシスコ・ロサ
ンゼルス・ロンドン・ミラノ）にも設置され，グローバル市場にデザインで挑
んでいくことが組織として示された。

　2005年から2009年までは「第2のデザイン革命」として，グローバルブラ
ンディングが推進された。「サムスンらしい名品（誰が見てもサムスン製だと分

かるように，独創的なデザインと使いやすい機能体系を有する製品）」により，世界市場を制することがめざされたのである。

1つ目のデザイン経営センスでは「支援はするが管理はしない（金は出すが口は出さない）」としたが，サムスンの場合は「マネジャーがデザイナーに暖かな眼差しを，プレッシャーも同時にかけながら送る」というものであった。

デザイン経営センターは，そうしたマネジャーの期待にフルスイングで応えるべく，単にデザインをするだけではなく，顧客ニーズや販売促進などにも関与することが求められた。要するにデザイナーは，マネジメント感覚を持って活動しなければならないことが組織体制として示されたのである。

そうしたデザイン経営の副産物の1つが「デザイン・バンク・システム」だった。デザイナーのアイデアで，すぐには商品化のできないものを「保管」しておき，機が熟した時にそれを「取り出す」というものである。

こうした「アイデア貯金」は世界主要都市に置いた，どのデザインセンターでも採用され，短期間で多くの製品を生むことができる秘訣となった。例えば「クォンサンウ・フォン」のアイデアは東京で提案され，しばらくの間，デザイン・バンクに貯められていた。

これに近いものに，手塚治虫の「スター・システム」がある。漫画の登場人物を映画俳優のように扱い（1人の役者がいろいろな役柄を演じるように），1つのキャラクターがいろいろな役に扮して漫画を演じるという手法である。要するに，1つのキャラクターが複数の作品に出演するというものである。例えばロック・ホームは『バンパイヤ』では間久部緑郎として登場する。

さて，このように1990年代後半から，サムスンのマネジャーがデザインに注力するようになったのは，デザイン部門が海外でのデザイン賞受賞に挑み始めたからである。世界のマネジャーが必ず目を通すものに，米誌『ブルームバーグ・ビジネスウィーク』がある。そこには例年，IDEA（インダストリアル・デザイン・エクセレント・アワード：アメリカの産業デザイナー学会による選定）が掲載されるのだが，そこにエントリーをし，1997年に初登場した以降では，全社的なサポートが功を奏し，最多受賞数をAppleと競うほどに至ったので

ある。

　オリンピックもそうであるが，世界的に注目を浴びるイベントは格好の宣伝の場となるので，そこに大量の強化費をかけて 1 位を取りに行く手法は，言わば「韓流戦法」である。目立てる舞台で徹底的に目立とうとする精神は，ビジネス世界ではサムスンが具現化した。その舞台の取り掛かりとして選んだものが IDEA だったのである。

　実際に 2001 ～ 2005 年の 5 年間で，サムスンは IDEA の受賞数は 19 という世界最多を記録し，当時アジア企業としては初の快挙であった。

　また，ドイツの iF（インターナショナル・フォーラム）デザイン賞（工業製品とソフトウェアを対象にインダストリアル・フォーラム・デザイン・ハノーバーが 1953 年から毎年開催）や，レッド・ドット・デザイン賞（プロダクトデザインを対象にノルトライン・ヴェストファーレン・デザインセンターが 1954 年から毎年開催）でも多数受賞している。

　アカデミー賞受賞映画や芥川賞受賞小説などと同じ効果で，第三者からお墨付きや折り紙付きを受けたモノが，一定の評価基準をクリアしたと見なされ，注目され，購入意欲をそそる。そうした消費者心理を突いたのである。

　そうしたサムスンも，トヨタ同様にデザイン哲学を有する。それは「バランス・オブ・リーズン＆フィーリング」であり，やはり理性（左脳）と感性（右脳）の双方にバランス良く訴求していくというものである。

　このデザイン哲学は，① 直観的（分かりやすさ，使いやすさの追求），② 調和的（周囲の環境になじむ），③ 特定的（独自性の表現），④ ライフスタイル創出（新しい生活習慣の提案）という 4 つのデザインコンセプトに支えられている。

(4) デザインでイノベーションを興すセンス

　デザイン経営センスの 4 つ目は，デザインをイノベーション経営の原動力にすること。つまり，デザインで新奇性を打ち出したモノをマネタライズできるセンスである。これまでの 3 つのセンスが企業にとってデザインでの守備固めであるのに対し，ここからはデザインでの攻撃的な側面となる。

これまでに主としてプロダクトデザインを取り上げてきたので，ここでは視点を変え，パッケージデザインとキャラクターデザインから捉えてみよう。

　パッケージデザインは，店頭で顧客に手を取ってもらうために仕上げられている。その源は，ジャングルで果物を見つけた際に，色が赤く変わっていることが熟したシグナルと見なされていたことに辿り着く。こんにちでも，木になる柿が食べ頃かどうか，庭で育てているトマトの青みが赤みになってきたかどうかで判断することと通じる。店頭でも，この原理は働く。思わず手が伸びるようなタンジブル（触知可能）なパッケージデザインが功を奏すのである。

　2020年，サントリー「伊右衛門」は「一目で分かる緑色」にパッケージデザインを刷新して，伸び悩んでいた販売量を2倍（リニューアル前後1ヵ月間での比較）にした。それまですでに質の高い素材を使って「急須で入れたようなお茶」で差別化しており，コマーシャルの好感度も高いのに2018年，2019年と2年連続で前年比5％減となっていた。「ほっとする」という価値を伝えているのに，真には伝わっていなかった（ブランドは認知されているが，購買意欲につながっていなかった）のである。

　そこで，「急須のお茶」という「真ん中の価値」を見直した中身の開発をし，「入れたてのような緑色」での一点突破を図った。この製品（売りモノ）の最後の仕上げ（売れるモノへの転換）がパッケージングである。従来のボトルは竹筒のしなやかさをデザインしたもので，全体をシュリンクラベルで覆っていた。これを長さが短く剥がしやすいロールラベルに変え，ラベルの面積も半分に減らし，訴求したい中身を見えやすくした。さらにはボトル自体の形を変更し，売り所としていた竹筒デザインを止めたのである。

　ペットボトルの形状変更は，工場の金型を変えることになり，大きな設備投資を必要とするので，容易なことではない。だが2004年から15年をかけて築き，育て上げたボトル・アイコンを自己否定してでも，新たな商品価値を消費者に伝えたいとして下した意思決定に，デザインでイノベーションを興すセンスを見ることができる。

　また，ラベルの裏側には縁起の良いイラストを数種類付けており，ボトルに

142

もダルマや招き猫などが描かれている。こうした「遊び心」で，竹筒デザインとはまた別のブランドイメージが構築されようとしていることは特筆すべき点である。

色については「朝専用」と謳う缶コーヒー「アサヒ WANDA モーニングショット」は，やる気が出る赤色になっており，一日働いた自分へのご褒美や週末の楽しみとして位置付く缶ビール「サントリー プレミアムモルツ」は，澄み切った夜空をイメージする青色となっている。

包装については「東ハト キャラメルコーン」のように，バリエーションを豊富にすることも有効である。また，昨今の活字離れの若者に向けて，文庫本の新しいカバーデザインにアイドルやアニメーションを採用したり，タイトルを伏せて冒頭の文章だけを掲載させて気を引いたりするなど，いわゆる「ジャケ買い」を促すことも試みられる。

現在は店頭から姿を消したが，2002 年にスターバックスが「Double Shot」という缶コーヒーを発売したことがある。その際のデザイン課題は「小さな缶を巨大なスーパーマーケットでいかに目立たせるか」というものであった。この任に当たったのが，ダフィーというデザイン事務所（ミネアポリス）だった。日本では馴染み深い缶コーヒーだが，淹れ立てのコーヒー文化が根づくアメリカではほとんど見られず，さらに小型サイズは珍しかった。

ダフィーは，この「Double Shot」のパッケージに次の3つの提供価値を盛り込んだ。① 習慣：毎日決まった時に飲むというライフスタイルと結びつける。② ブランド：個人的で特別な経験を与える。③ リフレッシュ：リラックスと元気を同時にもたらす。そして，ターゲット層を 18 〜 30 歳の男性に定め，大きな文字に温かみのある色を採用し，商品名を強調したデザインをなした。

また，キャラクターデザインは枚挙に暇がないが「Suica のペンギン」を例に挙げてみよう。このペンギンには名前が付いていない。名前がないのでイメージを限定せず，自由に呼ぶことを促し，個々に愛着が湧くようにされている。

そして，ペンギンは水辺でしか動くことができず，陸地での移動はよちよち

143

歩きになり，得意ではない。だから電車に乗って移動するため「Suica」が要るということである。ペンギンが背広を着た通勤客 (JR のメインユーザー) のイメージカラーに最も近いことも「技あり」的なデザインの仕掛けである。

さらには，ペンギンのおなかの部分は白いので，メッセージボードに使えるというキャラクターグッズにも適した模様であることも見逃せない点である。

(5) デザインで戦略を立てるセンス

デザイン経営センスの5つ目は，デザインを明確な差別化戦略として，市場受けに成功すること。つまり，社内で十全に拵えたデザインを顧客のホットボタンにできるセンスである。

戦略の1つに「突破戦略 (ブレイクアウト・ストラテジー)」というものがある。それは，① 劇的な成長をもたらす行動主体の戦略。② 戦略の優秀さという2つを終始一貫とした基本にして，競合他社と一線を画そうとする決意を有するものである。そうした戦略は顧客を惹き付ける「マグネット・カンパニー」になることを可能にする。

これを最も身近なところで理解できるのは，スマートフォン (携帯電話) 市場である。日本の携帯電話会社で最初にデザインを戦略に用いたのは au である。KDDI が携帯電話部門の DDI セルラーと IDO の統一ブランドとして2000年に立ち上げたのが au だった。「ノット・プロジェクト・ファースト，アイデア・ファースト」をスローガンに掲げ，2001年から「au デザイン・プロジェクト」を開始した。

当時，携帯電話に付いていた au の卵型マークを削り取るユーザーもいたほど，デザインやブランドイメージは良好なものとは言えなかった。だから「新しいアイデアで元気になろう」という趣旨のもとに，ラインアップ全体のデザインの質の向上が図られた。このプロジェクトには，外部デザイナーとして深澤直人が関与し，「INFOBAR (2012年2月にはスマートフォン版 (アンドロイド仕様) インフォバー C01 も登場)」など，デザイン性の高い携帯電話が誕生した。

このプロジェクトに当初から携わっていた坂井直樹 (コンセプター) は

「INFOBAR」がauのブランディング効果に貢献した「パイク（先端）戦略」を採っており，デザイン面で市場に大きなインパクトを与えたと評した。

2007年には，空間デザイナーの吉岡徳仁による「MEDIA SKIN」という「アートケータイ」が登場した。これは「触感」を重視したもので「人体に最も近いプロダクト」「身体，思考の一部」というコンセプトを有していた。ニューヨークのMoMA（近代美術館）に「INFOBAR」とともに，パーマネント・コレクション（永久保存）として選ばれたことが，そのデザイン性の高さを物語っている。

そうしたデザインを武器としたauは，2006年に「ウォークマンケータイ」も市場に投入し，同年から始まった「番号持ち運び（ナンバー・ポータビリティ）制」において，新規ユーザーと他社からのブランド・スイッチャーを大いに得て，一時は一人勝ちの状態となった。

他社とは，その頃，アートディレクターの佐藤可士和による携帯電話を出していたNTT DoCoMoと，通話料0円などの大胆な触れ込みでの市場参入が話題となったソフトバンクである。

auに対して，キャメロン・ディアスやSMAPなどを宣伝に起用し，また「犬のお父さん」というユニークな設定の「白戸家」というコマーシャル展開をすることで，契約者数を増やしたのがソフトバンクである。2008年からは「ディズニー・モバイル」も発売した。デザインを戦略に用いるとともに，ライフスタイルの提案を明確にすることで，Y世代の若者からの支持を集めたのだった。

一方で，当時のディフェンディング・チャンピオンであったNTT DoCoMoは2008年に「新ドコモ宣言」をなし，ロゴマークを赤色に変え，リ・ブランディングに乗り出していた。

デザイン戦略では，端末メーカーの社内デザイナーによる量産モデルとデザイナーズモデルの区別はなく，どちらも選択肢として用意した。つまり，デザインが好きな特定の層にデザイナーズモデルを提供するのではなく，機能・サービス・デザインのトータルバランスを求めるために，著名デザイナー（佐

藤卓，佐藤可士和，松永真など）を起用するという方針だったのである。

　この時に問題視されたのは，ロゴマーク変更についてであった。異を唱えた1人に，NTT DoCoMo のブランドデザイン・プロジェクト創業の際に，その全体を手がけた PAOS 中西元男代表がいた。

　DoCoMo の名称は 1991 年に "Do Communication" と "Communications over the Mobile Network" のコンセプト案から，それぞれの音韻をとったものだった。DoCoMo という最も個性的なネーミングが採用されたところに中西元男は，同社によって今後，全く新しいコミュニケーション環境がつくり出され，未知なる事業分野が出現してくると確信していた。

　よって，大事にすべきはユーザー・ファーストの視点であり，通信インフラ産業として，ユーザーのためにどこよりも優れた市民企業となることだと見なしていた。

　そのような思想が凝縮されたのが DoCoMo のロゴマークだった。「いつでも，どこでも，誰とでも」というコミュニケーションの新時代を象徴した，ネーミング的にも表現的にも「フィロソフィブランド」として DoCoMo は登場した。そのロゴマークのもとに，トップ企業としての品格を保ちながら，通信インフラを担う責任と，その先の通信文化をどのようにつくり上げていくかという哲学を重視してきた。

　ところが「新ドコモ宣言」で謳われたのは「顧客との絆」「顧客に近い存在」といった時代遅れの言葉であったことに，中西元男は驚きを隠せなかった。謳うべきは「もっと高邁な精神を頂点とした品格のあるアイデンティティ」だ，と。

　変更されたロゴマークも，送り手発想の製造業的なイメージが強かった。フィロソフィブランドやコーポレートブランドではなく，単なるキャンペーンブランド，セールスブランドになってしまい，結果的にはソフトバンクのゲリラ型マーケティングに巧く乗せられてしまったのではないかと危惧したのである。

　要するに，短期的な安売りイメージや商品ブランドレベルに留まり，単なる

販促ツールとしてのフロー情報に変わってしまったというわけである。これは中西元男が常に志す，企業ブランドレベルでの知的・美的ストックを生む行為とは正反対にある，15年以上かけて構築したブランド価値を損失させるような行為だった。

　最も重要なことは，ロゴマーク変更のために費やされたコストが，ユーザー・ファーストにつながっていない点であった。中西元男は，すべきだったことは「日本全国津々浦々の全てを新しいロゴに変えようとすると，これだけの費用がかかることが判明しました。私たちはそのようなお金の使い方をやめ，それだけの分を消費者還元させていただくことにしました」という宣言ではなかったのかと問うた。

　問題は，ブランドをフロー資産にするのではなく，ストック資産とする断固たる決意であり，戦略的行動をとる際に，構築してきたブランド価値をテコ入れすることは決して行ってはならないということである。

　この嘆きは的を射ており，それ以降ではNTT DoCoMoよりもソフトバンクの躍進が目覚ましかった。独特の広告展開やiPhoneの取り扱いなどにより，2010年には営業利益がKDDIを初めて凌ぎ，国内通信業界でNTTに次ぐ2番手の地位となり，契約者の純増ではトップにあった。

　ここに見る教訓は，デザインを戦略に用いる場合には，揺るぎないフィロソフィブランドという知的・美的ストックを基盤としてこそ有効であるということである。

(6) デザインがもたらす優位性を保持するセンス

　デザイン経営センスの6つ目は，以上のように守り（1〜3つ目のセンス）を固めながら，攻め込むこと（4〜5つ目のセンス）で得たデザイン・ベースの優位性を保つこと。つまり，競合他社からの追随を受けつつも，デザインで得た先取点を最後まで死守できるセンスである。

　これは，ビジネスの「ゴールデン・トライアングル」である「製品・事業・ブランド」の3つに，まんべんなく投資することを必要とする。製品製造体制

を盤石にし，事業を構築することで初めて，一貫したブランドメッセージを市場に送ることができる。

　そうした黄金の三角形へのバランスのとれた投資は，従来の長所を保ったまま，新しい特性を付け加えていけることから「ブランドの重層化」と呼ばれる。また，無理な方向転換をしないで済むので，リスクを抑えることもできる。要するに，リスクを積極的に引き受ける「リスク・テイカー」ではなく，リスクの手綱を巧みにさばく「リスク・シェイパー」となれるのである。

　建築家フランク・ロイド・ライトによる帝国ホテルが，関東大震災の時に無傷で持ち堪えたことが好例となる。震災というリスクに対する耐震設計を考えるように，予測不能で不可避な災難に備えることは，リスクを自社に有利なものに変えるのか不利なものにしてしまうのか（アップサイド・オア・ダウンサイド）の分かれ道である。

　こうした「備えよ，常に」を現代ビジネス世界で実践し続けているのが，Apple である。中でも iPod は「意味論」の申し子のような製品だった。

　1990 年代以降，デザインは技術面の後押しを大いに受けた。新しい素材の登場や電子工学の進歩により，技術的な制限が緩やかになったため，現在のデザイナーは製品の内部構造を考慮せずに，外観をデザインできるようになった。また，電子工学が機械に取って代わったので，デザインはハードからソフトなものになった。形態が機能から自由になったということである。

　以来，製品は「意味論」として語られることが多くなった。ヨーロッパでは「形態は 90％の感情と 10％の技術でできている」「形態は人気に従う」「形態は流行に従う」と言われ始めた。iPod は，そうした「意味論」から製品の形態と人との関係を巧みにデザインした。インタフェイスデザイン，経験デザインと呼ばれるところを徹底的に重視したのである。

　旧来のウォークマンが 1 枚のアルバムを全曲聴くことに対し，iPod は自身の好みの楽曲を 1 曲単位で選べるようにした。真のパーソナルテクノロジー（個人仕様の技術）を実現したのだった。

　ところで「20 世紀の三大広告人」にオグルヴィ（イギリスの広告社 WPP 社

長で「広告の父」と呼ばれた），ワンダーマン（「ダイレクト・マーケティング」の
提唱者）とともに選出されたマーケター，ジーマン（コカ・コーラの「マーケティ
ングの顔」として「ダイエット・コーク」を成功に導いた）は，iPod 自体は革新的
な製品ではないと指摘する。

　ここで言う革新的とは，自社の強みを活かせる製品を作って，それをユー
ザーに説得させながら販売するというものである。iPod は，これとは逆の方
向，すなわちユーザーは何を欲しがっているかということを自らに問いかけな
がらデザインされた。「コア・コンピタンス（自社にしかない強み）」ではなく，
「コア・エッセンス（顧客にとっての自社とは何か？）」を見据えたのである。

　Apple にとってのコア・エッセンスとは，独創的な先端技術で人々を楽しま
せるというものだった。そこで，ユーザーが音楽ファイルをダウンロードして
楽しめるための簡単な方法を採った。これはイノベーションというよりは，リ
ノベーション（見直し，改善）的発想である。そこには「デザインとは，その製
品がどのように動くかということである」と見なすスティーブ・ジョブズの思
想が宿っていた。

　2000 年代における携帯音楽プレーヤー市場は，先発のウォークマンと後発
の iPod の 2 強で競われた。この競争で，Apple は「鮮度」を最重視して，後
継機や新製品を矢継ぎ早に市場に投入し続け，ユーザーを飽きさせなかった。
そして「本体を徹底的に薄くする」というデザイン戦略のもと，最先端の技
術水準を引き上げつつも，市場の牽引役を他社に委ねる隙を与えなかった。
iPhone，iPad は，そうした iPod が獲得したデザイン・ベースの優位性を死守
するための役目を十分に担った。

　iPod シリーズが発売から 5 年半経った 2007 年 4 月に世界での販売台数が 1
億台を超えた（ウォークマンは 13 年半かかった）ことが，その成功を雄弁に物
語っている。

　「何か新しいテクノロジーを開発したら，とにかくすぐに，それで何かを作
りたいと考える」「そうすべきであり，そうしなければならないと知ったこと
は，あらゆる努力のもとに，ただちに実行に移すことである」。

これは，あたかもスティーブ・ジョブズの発言のように思えるが，ソニー創業者・盛田昭夫が常々語っていたビジネスに対する基本的な態度である。

　それが現在では，Apple のほうが製品を「意味論」としてより強く捉え，確固としたソフトウェア・プラットフォーム（iTunes Store，App Store など）を基盤とし，そこに連続したリノベーションをなし，市場受けを続けている。これは，デザインが獲得した優位性を守ろうとする高い意識から来ているものと言える。

4. デザイン：全業種で必須のリソース

　最後に，ある会社の経営企画室長のコメントを引くが，○○に当てはまる製品の種類は何になるか，想像してほしい。

　「全ての事業の根幹にあるのは『私たちはデザイン会社である』ということ。○○に関しても，機能の良さだけではなく，美しさを大切にしています。美しい○○や美しい洋服，美しい空間を通して，お客様の生活を少しでも豊かにしたいと思っています」。

　多くの人はスマートフォンやテレビといった電化製品を連想したかもしれないが，○○には「キャンプ用品」が入る。そう，これはスノーピークのリース能亜取締役執行役員経営企画室長の発言である（2020 年 5 月当時）。

　曰く「60 年前に創業して以来，私たちはこの『デザイン力』を強みとしてきました。創業の地であり，本社のある新潟・燕三条の持つ金属加工の高い技術力に，デザインという付加価値をつけてマーケットに送り出す。ローカルに根を下ろし，グローバルに発信するということは私たちの DNA となっています」と。

　何が言いたいかというと，もはや業種を問わず，デザインは企業にとって欠かせないリソースであり，ブランドを生み出すものであり，イノベーションを興したり，事業戦略に用いたり，競争に持続性をもたらしたりするので，デザインが会社を引っ張っていく組織体になることが，現代ビジネスには必須ということである。

〈本章を身近に感じるためのエクササイズ〉

1. 本章で取り上げられた事例以外に，社外デザイナーを活用した商品にはどのようなものがあるか調べてみよう。

2. 本章で取り上げられた事例以外に，何社かの企業のデザイン哲学について調べてみよう。

3. 近年において IDEA，iF デザイン賞，レッド・ドット・デザイン賞など世界的なデザイン賞の受賞作にはどのようなものがあるか調べてみよう。

4. 本章で取り上げられた事例以外に，デザイン経営の6つのセンスのいずれかを確認できる企業にはどのようなところがあるか調べてみよう。

第8章　デザイン・リードによる価値創造戦略

〈本章を理解するためのキーワード〉
「花と花器」モデル，デザイン・ディスコース，ペルソナ・マーケティング，シナリオ・プランニング

1.「ターゲット」に見る「花と花器」モデル

　昨今のイノベーション論では「デザイン・ドリブン」という言葉が多用され始めた。デザインがイノベーションを主導するという視点である。

　デザイナーが企業にリードを付け，向かうべき方向に誘っていくことであり，例えるなら「犬の歩きやすい散歩道は，飼い主がその先行きを見て誘導していく」というものである。散歩の先に絡まれそうな犬がいたら道の端に寄り，水たまりがあれば迂回する。そうした道先案内人としてのデザイナーの役割が現代ビジネスでは求められている。

　レッド・ドット・デザイン賞の創始者であるピーター・ゼクは，機能性・魅力・使い勝手・信頼性の4点でのデザインの質が，製品の成功に貢献すると見なす。要するに，それらがグッドデザインを構成するものである。

　そうしたデザインの質に，かねてより力点を置いてきた小売店が，アメリカ国内だけで展開する「ターゲット」である。「チープシック」をコンセプトとし，米誌『タイム』が「デザインの民主化の新チャンピオン」と称した同社は，業界最大手のウォルマートの「エブリディ・ロープライス（毎日安売り）」との差別化を図るため，デザインを用いてきた（ウォルマートのスローガンは2007年に「セーブ・マネー，リブ・ベター（お金を使わず良い生活）」に変更された）。

　価格競争ではスケールメリットを享受するウォルマートに勝つことはできないため，「別の土俵で勝負すること（プレイング・ア・ディファレント・ゲーム）」にしたのである。

　このようにウォルマートとは異なる価値を打ち出し，同じ業界内にあっても競争力を戦略的に得るために，「ターゲット」は，①専売契約したメジャーブ

ランドによる手頃な価格でのオリジナル商品，② ライセンス契約した革新的なデザイナーによる独創的な商品の二枚看板を武器にした。

　前者については，例えば 2002 年にソニーが「ターゲット」限定の商品を販売した。最初の 9 つの商品いずれもが女性用であったので，電化製品売り場ではなく，インテリアコーナーに置き，販売促進をなした。

　後者については 1999 年，マイケル・グレイヴスとの契約が最初だった。アメリカのポストモダニズムの建築家であり，インテリアやプロダクト，グラフィックデザインも手がけた。主な作品にはホイットニー美術館増築計画 (1985)，ウォルト・ディズニー・ワールド・リゾート　スワン＆ドルフィン・ホテル (1990)，ミネアポリス美術館新館 (2006)，日本では御堂筋ミナミビル (1990)，ハイアットリージェンシー福岡 (1993) などがある。

　マイケル・グレイヴスを起用する契機は，1997 年に「ターゲット」がワシントン記念館の修復工事に出資した際にある。その足場を組んだ際に，ブルースクリーンネットで装飾して，公共の目から見ても目障りなものにならないようにした。こうした創造的な解決をなすオープン・マインドな（先入観にとらわれず，新しい発想を取り入れる）姿勢に惹かれたのである。

　マイケル・グレイヴスの自叙伝を著したイアン・ボルナー（ジャーナリスト）は「彼の物語は 20 世紀後半のデザイン史において軽視されている。どのプロジェクトも道標となりえるものであり，彼の建築の『ねじれと回転』は忘れ難い」と，もっと高く評価されて良いことを訴えている。

　1999 年，「ターゲット」にはインテリアグッズやキッチンツール，小物家電など，マイケル・グレイヴスがデザインした 300 ものアイテムが店頭に並んだ。以後 15 年間にも及んだデザイン提携では，2,000 以上のアイテムが発売された。

　その立ち上がり時に「ターゲット」の商品部長を務めたのが「店舗はブランドの強烈な物理的表現である」という持論を持つロン・ジョンソンであった。その手腕はスティーブ・ジョブズの目に留まり，2001 年にはアップルストアの店舗デザインを担当してもらうために自社へスカウトしたほどである。

　ともあれ，マイケル・グレイヴスとのデザイン提携が成功を収めたことで，

「ターゲット」はデザイン・リードによる価値創出戦略に舵を切った。

ソニア・カシャックによる化粧品，「トッド・オールダム」ブランドによる「ドーム・ルーム」シリーズ（大学生向けの家具・寝具類など），フィリップ・スタルクによる「スタルク・リアリティ」といったブランドが展開された。

ソニア・カシャックはメイクアップアーチストで，化粧品ブランド「ソニア・カシャック・ビューティ」の創設者である。同ブランドは日本未上陸だが，アメリカで人気のコスメブランドである。

「トッド・オールダム」はジャッキー・トッド・オールダムが1989年に立ち上げたアメリカのファッションブランドである。カラフルでユーモラスなデザインが特徴で，1990年代初頭にはアナ・スイ，マーク・ジェイコブスとともに「ビッグスリー」と呼ばれた。

「ターゲット」とのデザイン提携に際して，ジャッキー・トッド・オールダムは「『ターゲット』と私は，デザインにおいて何が重要であるかという価値観が非常に似ている。消費者は気が利いていて面白いデザインで，手頃な価格のモノを欲しがっている」と語った。

フィリップ・スタルクは生粋のパリジャンで，様々な分野（建築，インテリア，家具，食器など）のデザインを手がける総合的デザイナーである。ロイヤルトンやパラマウント，ハドソンといったホテルの内装を手がけ，日本では浅草の「アサヒビールスーパードライホール・フラムドール」(1989) が有名である。

フィリップ・スタルクは「『ターゲット』と一緒に働くことで，ずっと叶えられなかった夢を実現することができた。デザインの民主化における私の目標は，最大公約数の人に楽しくてワクワクするようなモノや経験を提供することだった。今の時代，デザイン性の高いモノや気取ったモノは必要とされていない。誰もが手の届く，少し上の幸せや魔法のようなモノが必要とされている」と述べた。

坂井直樹の表現を借りると，「ターゲット」という屋号（ブランド）は「不変の器（花器）」であり，デザイナーは「花」である。その時々での旬な，あるい

は脂の乗り切った好状況のデザイナーを，まるで活け花のように飾り立てるかのような戦法を採ったのである。

「ターゲット」は，しばらく注目を寄せられなかったデザイナーも起用した。例えばモッシモ・ジャヌリ（アメリカのファッションデザイナーで，ミッドレンジの衣料品会社「モッシモ」の創設者）がアパレルを担当し，その名前が再度メディアを賑わした。当時のモッシモ・ジャヌリは低迷期にあったが，「ターゲット」とのデザイン提携で再び脚光を浴びることになった。

これは 1980 年代後半に，ウォルト・ディズニー社が俳優たちと契約を結ぶ際に行った手法でもあった。しばらくヒット作に恵まれていなかった映画スターに，全盛期よりも安価なギャランティで出演依頼をしたのだった。

例えばベット・ミドラーがそうであった。『ローズ』(1979) でゴールデングローブ賞主演女優賞（ミュージカル・コメディ部門）を受賞したが，1984 年に結婚後しばらく活動していなかった。それがブエナ・ビスタ・ピクチャーズ配給による主演作『フォーエバー・フレンズ』(1988) では主題歌「愛は翼にのって」も担当し，グラミー賞を受賞した (1990)。

こうした手法は，かつての長寿バラエティ番組『笑っていいとも！』のキャスティングにも当てはまる。安定した人気があるアイドルや芸人に交じり，俳優など意外な人選がレギュラー出演していた。まさにスターからリバイバルまでの「花（タレント）」が「花器（番組）」を彩っていたのである。

「ターゲット」は，このデザイン提携を持続して行った。2009 年にはアレクサンダー・マックィーン（イギリスのファッションデザイナー），2010 年ではジャン・ポール・ゴルティエ（フランスのファッションデザイナー），2017 年にはヴィクトリア・ベッカム（イングランドの歌手，実業家）といった名だたるクリエイターたちとのコラボレーションを実現した。

また，ミシェル・オバマ（第 44 代アメリカ合衆国大統領バラク・オバマの妻で，史上初のアフリカ系アメリカ人のファーストレディ）は，「ターゲット」とデザイン提携した新人デザイナーによるファッションを好んで着用することで，彼らの知名度を高めるアンバサダーとして貢献した。

2019年には，その20周年を祝賀したアーカイブを公開するとともに，過去20件のデザイン提携からアイコニックなオリジナルアイテム約300点をアニバーサリーコレクションとして限定販売した。20件に選ばれたのは以下のデザイナーである。

　マイケル・グレイヴス（1999 ～ 2013），フィリップ・スタルク（2002），スティーブン・スプラウス（2002），アイザック・ミズラヒ（2003 ～ 2009），エリン・フェザーストン（2007），プロエンザ・スクーラー（2007），タクーン（2008），ジョン・デリアン（2008，2010），アナ・スイ（2009），ロダルテ（2009），スティーブン・バロウズ（2010），ザック・ポーゼン（2010），ハラジュク・ミニ（2011 ～ 2012），ミッソーニ（2011），ジェイソン・ウー（2012），フィリップ・リム（2013），アルチュザラ（2014），リリー・ピューリッツァー（2015），マリメッコ（2016），ハンター（2018）。

　これに際して，「ターゲット」のマーク・トリットン執行副社長兼最高マーチャンダイジング責任者は「『ターゲット』は，かつて不可能と見られていた，すばらしいデザインを信じられない価格で提供することを実行することで，小売業界の景観を全く変えてしまった」と語った。

　そして，リック・ゴメス執行副社長兼マーケティング・デジタル責任者は「デザインはいつも『ターゲット』のDNAの一部だった。デザインが当社製品購入の理由の1つとなっている」と述べた。

　また，トッド・ウォーターベリーCCO（チーフ・クリエイティブ・オフィサー）は「エクスペクト・モア，ペイ・レス（期待は多く，支払いは少なく）をブランド・プロミスの中心として『デザイン・フォー・オール』というラジカルな宣言のもとにデザイン提携を続けてきた」と，記念書籍の中で記している。

　サドラー（ブランド・コンサルタント）は，「ターゲット」は常にトレンドの最先端に立ち，デザイン提携では幅の広い文化的なコンテクストを考慮する「ハイ・ロウ・コラボレーション（加減調整された提携）」の先駆者と見なす。

　このような「ターゲット」のデザイン提携による商品は，消費者（「ターゲット」が言うところのゲスト）の中でも，とりわけオピニオンに響くものである。

オピニオンとは，かなり早い段階で流行を取り入れる者を示す。

　オピニオンより流行感度が高い者には，サイバーとイノベーターがいる。サイバーは流行の最先端を行く者で，発売される商品をフライングゲットしようとする。発売日に（あるいはその前日から）店舗前に並んで待つ人たちである。イノベーターは流行にかなり敏感な者で，トレンドを常にチェックしている。そうした消費者にはモーションをかけなくとも，向こうからアプローチしてくるので，オピニオンに向けてデザイン・リードを投げかけるのが妥当となる。

　オピニオンより流行感度の低い者に，マス（流行を広げていく者）とディスカウンター（流行遅れになり，値下がりしたモノを購入する者）がいるが，彼らはオピニオンに付いていくので，ボリュームゾーンも確保できる。

2.　アレッシィに見るデザイン・リード・プロセス

　フィリップ・スタルクのアレッシィ（北イタリアのデザイナーズ・キッチン＆テーブルウェアメーカー）での代表作に「ジューシー・サリフ」（レモン絞り器）がある。

　また，マイケル・グレイヴスの「バード・ケトル（注ぎ口にプラスチックの小鳥が止まっている円錐型のやかん）」はアレッシィと「ターゲット」の双方で売られているが，「ターゲット」のほうが廉価版である。オリジナルは1985年にアレッシィから発売されており，廉価版の5倍もの値段が付けられている（9093アレッシィ・ホーブ・ケトル・ウィズ・バード）。

　アレッシィは，製品に新しい素材を持ち込むことにかけてのパイオニアであった。とりわけプラスチックをハイテクに用いた先駆者である。「バード・ケトル」は，その名刺代わりのようなヒット商品となった。

　アレッシィの3代目社長アルベルト・アレッシィは，自著において「アレッシィにとって1980年代から1990年代にかけての20年間は間違いなく，マイケル・グレイヴスによってもたらされたアメリカン・デザインの黄金期だった」と述懐する。これに対して，マイケル・グレイヴスも「アレッシィとは家族のような関係である。デザイナーとメーカーとの真に個人的な関係を結ぶことが

できている。それが全てだ」とコメントした。

　そして，マイケル・グレイヴスという建築家に，やかんのデザインを依頼したことも特筆すべき点である。日本でもヤクルトが1968年，それまでのガラス瓶だった容器をプラスチックに変える際に，インテリアデザイナーの剣持勇が担った。以後，その容器はロングセラーのデザインとなり，立体商標としても認められている。

　Appleのデザインをリードしたジョナサン・アイヴも，それ以前ではロンドンで「タンジェリン」というデザインコンサルタント会社で，衛生用品をデザインしていた。

　このように，人と空間の間合いに精通しているデザイナーによるプロダクトデザインは，ユーザーインタフェイスに成功するという法則がある。それはアフォーダンスが宿るからである。アフォーダンスとはモノが人に対して何らかの感情や意味を与えるという，モノに備わる性質のことである。

　IDEO（デザインコンサルタント会社）のトム・ケリーは，アフォーダンスとは「気前の良いおもてなし役（ジェネロアス・ホスツ）」として，ゲストを玄関で歓迎し，食事を出し，くつろいだ気分にさせるものだと表現する。

　アレッシィの場合，アフォーダンスを呼び込む「バード・ケトル」のようなプロダクトは，世界中の関係者からの意見を取り込み，デザインを決定していく。これは北イタリア企業に固有の特質である。アレッシィは自らを「イタリアデザイン工場の企業家モデル」の事例であると見なす。

　北イタリアには家具メーカーや照明器具メーカーが多く，そのほとんどが「ロンバルディア・デザイン・ネットワーク」と称されるものに関わっている。ロンバルディアはミラノを州都とした地方都市であり，そこにおける企業は緩やかにつながり合うデザインクラスターを形成している。

　アッターバック教授（MITスローン経営大学院）らは，このデザインクラスターは，イノベーティブな製品を触発し，デザインによる差別化を実現できるものと見なす。曰く，デザイン的発想を起点として，製品としての卓越さと優雅さを兼ね備えるならば，収益性は高く，製品寿命も長い，と。

　ロンバルディア地方の企業は，デザイナー以外にも芸術家や建築家，写真家，批評家，学芸員など多様な専門家とのネットワークを有する「巨大な研究所」さながらである。彼らによって徹底的な議論がなされるため，社会学に基づくデザインが決まっていく。この議論は「デザイン・ディスコース（新しいデザイン言語や意味付けの可能性に関する広がりを持った対話）」と呼ばれる。

　デザイン・ディスコースであるので，その対話ではデザイナーの役割が重要である。製品言語が社会における価値と意味を反映したものになるためには，デザイン・リードが欠かせないのである。

　アルベルト・アレッシィが，このデザイン・ディスコースから学んだことは「モダニズムの単純性への幻滅」と「遊び心の精神の台頭」というムーブメントだった。そこで登場したのが「バード・ケトル」である。とりわけ朝食時における，やかんの存在を巧く想起させるデザインとなった。要するに「バード・ケトル」は，朝食というシーンでの経験を豊かなものにバージョンアップしたのである。

　アルベルト・アレッシィがマイケル・グレイヴスに出会ったのは，メンフィスにおいてであった。メンフィスとは1981年当時，60代のエットレ・ソットサス（オリベッティ社のデザイナーとしてミラノで活躍した，戦後イタリアンデザインの牽引者）がモダンデザインと訣別し，ポストモダンの次元に向かうべく30代の若手デザイナーや建築家と結成したデザイングループである。

　メンフィスの特徴には，① 強烈な原色の仕様，② 安価な素材（プラスチックなど）と高価な素材（大理石など）のアンバランスな組み合わせ，③ 高尚な芸術と世俗的な芸術の融合，④ 豪華と簡素の融合といったものが挙がる。それらを若者文化の象徴として示すことで，従来の規範を覆す狙いがあった。

　そうしたメンフィスを起点にして生み出された「バード・ケトル」は「アイデア取り入れ→コンセプト予告→市場リリース」といったデザイン・リード・プロセスを踏んだ。

　まず「アイデア取り入れ」の段階では，自社のキッチン用品には，これまでになかった新しい製品言語が必要であり，そうした今まで持ち合わせていな

かった製品の語彙や文法を生み出すには，未だ家庭用品をデザインしたことのないデザイナーが適していると，アルベルト・アレッシィは考えた。それがマイケル・グレイヴスへの依頼につながった。

次に「コンセプト予告」の段階では，商品として市場リリースする前に，① プロトタイプのミュージアムや百貨店での展示，② 限定品の先行販売，③ 関係者へのプレス配布などを行った。そして，それらの活動を雑誌に掲載して「バード・ケトル」の世界観を伝えた。

最後に，満を持して「市場リリース」をした。直営店以外の売り場でもアレッシィ専用のスペースを確保して，自社ブランドの中で「バード・ケトル」を示した。

このデザイン・リード・プロセスのうち，アイデア取り入れの段階がオープン性を有しているので，絶えずクリエイティビティが持ち込まれる「風通しの良い構造」となっている。この構造が価値創出戦略を優位に進ませるポイントである。

この風通しの良さのからくりは，社内デザイナーを持たず，全てのデザインを社外デザイナーに委ねているところから来ている。「花と花器」モデルの花の部分を外注のみで賄っているのである。したがってアレッシィは，常に新しいデザイナーと出会える機会を設けている。

大抵の場合は，世界中のデザイナーからのコンタクトである。そのアプローチ数は1日に1人のペースでなされるほどである。中でも，すでに知名度のあるデザイナーが依頼の交渉を直接するパターンが多いので「企業×デザイナー」のエンドースト・ブランディング（企業名とデザイナー名が同時にコミュニケーションされて，ブランドが形成されていくこと）が展開できる。

他にも，世界中の美術系大学でデザインワークショップを開く中での出会いや，現場をよく知るジャーナリストからの推薦，コラボレーションしたデザイナーからの紹介なども活かしている。

そうした新規デザイナーからもたらされるアイデアは，① F：ファンクション（機能性），② SMI：センサーリアリティ，メモリー，イマジネーション（感

じ取られ方）, ③ CL : コミュニケーション, ランゲージ（ステータス可能性）, ④ P : プライス（バリュー・フォー・ザ・マネーの成立）という 4 つの評価基準で審査される。客観的な査定項目が設定されていることで「アレッシィらしさ」にブレが生じることを防いでいる。

3. デザイン・リード・ベンチャー：Muuto, ± 0, francfranc

　ここではデザイン・リード・ベンチャーとも呼べる企業を 3 社取り上げてみよう。

(1) Muuto：「ニュー・ノルディック」というコンセプト設定

　デンマークで初めてとなるデザインをビジネス上の武器として世界市場展開を行うのは Muuto である（フィンランド語で「新たな視点」を意味する "muutos" に由来する）。デンマークの投資ファンド Vaeksfonden からのベンチャーキャピタルを受け, 2006 年に設立された Muuto は, 創業以来パワフルなデザイン戦略を実施している。

　それは「ニュー・ノルディック」というスローガンのもとに, 1950 ～ 1960 年代に黄金期を迎えたスカンジナビアン・デザインを現代ビジネスに蘇らせるというコンセプトである。スカンジナビアン・デザインとは「均衡」と「簡素さ」を兼ね備えた, ユーザー志向のものであり,「良質の製品を多くの人々の手に」ということに社会的に取り組んだものだった。

　これをルネッサンス的に呼び戻すことが Muuto の戦略的意図である。Muuto は創業後 1 年半で欧州 15 国への輸出を行い, 現在でも世界市場で販売を続けており, 日本でも輸入ブランドとして差別化されたポジションをとっている。

　同社はデンマークのデザインビジネスの利点として, ① 専門的なデザイン能力と長い伝統を有する。② グローバル・プロフィール（世界的な知名度）がある。③ デザインが成長市場にあるといったものを挙げる。その一方で挑戦課題として, ① 経営スキルを含むグッドビジネス能力が足りない。② 量産型

ビジネスモデルに見合うデザインを見つけることが困難である。③ デザイン専門家以外でデザイン・ポテンシャルを評価できる者がいないことを挙げる。

(2) ±0：第一の購買理由としてのデザイン

Muuto 創業の 3 年前に当たる 2003 年にスタートアップした±0（プラスマイナスゼロ）は，当時タカラ（現タカラトミー）社長の佐藤慶太が「デザインで欲しくなるような家電を作りたい」という熱い想いから始まった。依頼したのは，プロダクトデザイナーの深澤直人であった。

深澤直人は次章で取り上げる無印商品のアドバイザリーボードであり，2020 年では日立グローバルライフソリューションズの空気清浄機「EP-VF500R」（インテリア性と設置性：部屋との整合性を重視した）のデザインを担当した。日立は「レス・バット・セダクティブ（一見控えめだが，人を魅了するモノの在り様）」をデザイン哲学に定め，家電製品デザインの質の向上をめざす「ヒタチ・ミーツ・デザイン・プロジェクト」を立ち上げており，その一環で作られた空気清浄機はアジアの白物家電の開拓を狙うモノである。

そうした深澤直人にタカラが依頼したのは，玩具メーカーとしてのジレンマがあったからである。玩具はキャラクターモノだったり，季節的な定番商品だったり，完全なるマーケット・インの形で企画が進むものであり，クリエイターにとっては自身が本当に創りたいモノをプロダクト・アウトできる環境下にはなかった。

そこで目を付けたのが小物家電であった。それらは，故障したから買い替えるという消極的な理由から購買がなされるモノであり，店頭では主に価格や機能の比較から購入が決まることが多い。「デザインが少し気に入らないが，安いから」「便利な機能（キラーコンテンツ）が付いているから」といった理由で買われていく。こうした状況下に「デザインが良いから買いたくなる家電」というニッチを見付けたのである。

そのモノ本来の持つ機能をデザインすることをコンセプトとするので「加・減のどちらにもブレない中庸である」という意味を込めて，±0 と名づけた。

アリストテレスは中庸を「やりすぎ（過剰）でも，やらなさすぎ（不足）でもない，ちょうどいいアプローチ」とした。例えば勇気は無謀と臆病の中間にあり，友情は褒めることと批判することの間，寛大さは浪費癖と節約の間にあると見なし，中庸であることは「よい人生」を生み出す美徳と説いた。

　そうした中庸を志す±０の製品は，いずれも深澤直人によるデザインないし監修というスタンスを採った。深澤直人のデザイン観は「ウィズアウト・ソート（考えない）」というものである。デザインとは「人が意識していない状態に溶け込むものであり，目立つべき存在（刺激を与えるモノ）になってはいけない」ということである。この考えのもとに，±０は主に次の２つのデザイン・アプローチがなされた。

　① 余分な飾りつけをしないで，目立たないデザイン：加湿器や空気清浄機などリビングで常に人目に晒される家電製品のフォルムや色を目障りにならないようにする。

　とりわけ±０の最大のヒット作となった加湿器は，テレビなどのようにアイコンが思い描ける形がなかったので，そうなるようにデザインされた。めざされたのは花瓶的な存在である。花瓶は花を活けていない状態でリビングに置かれていても違和感がない。そうした存在になるようにデザインされたのである。

　この加湿器は長年，モデルチェンジはなく，カラーバリエーションだけで展開され，上部と下部のつなぎ目が分からないような日本の塗装技術が持ち込まれた。そうした加湿器は，2007 年に MoMA のパーマネントコレクションとなり，2013 年にはクーパーヒューイット国立デザイン博物館の収蔵品になった。

　② 操作性のデザイン：コードレス電話や電卓などは少し角度が付いて傾いている。これにより，見た目も楽しく，かつ使用する時も自然な動作で使うことができる。

　中でも１枚焼きトースターは，一人暮らしに適したサイズ感での操作性を有している。あるいは二人暮らしでも，最初に焼いたトーストをどちらが食べるかというコミュニケーションのツールにもなりうる。そうした使用時のシーン

を想起できるモノである。

(3) Francfranc：ペルソナに向けたデザイン

　特定の購入者を想定して商品を企画する手法を「ペルソナ・マーケティング」と言う。この場合のペルソナは，製品やサービスの典型的なユーザー像のことを意味する。ペルソナの特徴には，一般的な人口統計学的属性（性別，年齢，収入など）に加えて，具体的な癖や興味（あるモノを集める，野菜の産地にこだわるなど）も含まれる。

　こうしたペルソナをデザインプロセスに最初に活用したのは，「Visual Basic（マイクロソフトのプログラミング言語）の父」として知られるアラン・クーパーとされる。アラン・クーパーは「ペルソナは表面的に理解できても，マスターするには何年もかかる。練習を重ねて使い慣れるようになれば，ペルソナはデザインの課題を考える上で強力な道具になる」と語る。

　例えば，本書第3章で取り上げたスープストックトーキョーは「37歳女性」をペルソナとし，その彼女が理想とする料理をめざすため，無添加の食品を提供し，一人でも入りやすいシックな店内にしている。ロゴマークも独自で創るのではなく，既存のフォントを用い，余計な飾り付けをしないことを示している。

　また，1992年にはバルス（2017年「Francfranc」に社名変更）が「25歳女性（都会で一人暮らしをする25歳のOL，A子さん）」をペルソナとし，「週末に彼氏が遊びに来るから，オシャレなクッションが欲しい」「彼氏と一緒に使う，気の利いたペアカップが欲しい」といった購買動機に応じるような家具やインテリア雑貨を販売するFrancfrancを立ち上げた（フランス語で「自由」「素直」を意味する言葉である "franc" を2つ並べたもの）。

　バルスは，それまで家具メーカーに勤めていた髙島郁夫が「購入される機会の少ない家具を1週間ないし1ヵ月に1回は来店してもらい，何かしら買ってもらえるようにしたい」という理由から始まったスタートアップ企業（1990年創業）であった。家具ビジネスを「日銭の入る商売」にするために，デザイン・

リードによる価値創出戦略を採ったのである。

それは「カジュアル・スタイリッシュ」というコンセプトに示された。当初はセレクトショップであったが，徐々にオリジナル商品の開発が増していった。

1 号店を天王洲アイルにオープンし，以後も横浜ランドマークタワーや新宿サザンテラスなどの都心部に出店したのは，ペルソナである「25 歳女性」が仕事帰りに気軽に入店しやすい立地を選んだからだった。

そして店内には「給料が 20 万円台でワンルームマンションに住んでいる独身女性が可処分所得の範囲で買うことのできる」価格帯のグッドデザイン・アイテムが並ぶ。それらを少しずつ買い揃えて，お気に入りに囲まれた住まいの空間にしてもらうことをめざしたのである。

2004 年には「バリュー・バイ・デザイン」を企業理念に据え，さらなるデザイン・リード企業への転身が図られた。それとともに店舗の形態が，① Francfranc DESIGN FOR LIFE（都市部での旗艦店。家具・雑貨 50％ずつで構成），② Francfrancfranc（カジュアルストア。雑貨 80％・家具 20％で構成），③ Francfranc BAZAR（アウトモール出店。シーズンアウト商品で構成）の 3 つに分けられ，それぞれのデザインスタンスが定められた。

これによって，ペルソナは「流行に敏感な人」というものになり，エイジレスショップに変わっていった。品揃えもベーシックアイテム 80％にファッショントレンドを 20％加えることで，時代性が追求された。

とりわけファッショントレンドは，入店のきっかけを生む「つかみ」として欠かせないモノだった。これについて，髙島郁夫は「購入への橋を渡っていただくまでは大変。でも一度，橋を渡っていただくと，あとはどんどん進んでもらえる」と見なしていた。つまり 1 回でも来店したのであれば，その人の「ショッピングコース（お気に入りリスト）」の 1 つに加わったことになり，リピーターになる可能性が高いというわけである。

来店回数を 0 回から 1 回にするのは，1 回から 2 回にすること以上に難しい。0 回の顧客と店舗との橋渡しをするのがデザインである。Francfranc はデザイ

ンを「単にフォルムのことを指すのではなく，その製品を使うことによる豊かさや気分を含むもの」で「空間の価値を高め，ライフスタイルとともにある豊かな時間を提案していくこと」と捉える。デザインが商品の魅力を最大限に引き出し，人をより深い幸せで満たすことに寄与すると考えているのである。

4. コンカレント・デザイン思考：ASIMO

　「時代に先駆けるアイデアが経営を繁栄に導く」。これは本田宗一郎の言葉である。ホンダはコア・コンピタンスであるエンジン製造技術を活用して「ホンダ・ジェット」という7〜8名乗りの小型ジェット機の製造も行っている。

　2006年末の試験飛行の際に注目されたのは，そのデザインであった。通常，ジェットエンジンは尾翼付近の胴体に設置されるが，ホンダ・ジェットでは主翼の上に1基ずつ搭載された。これは空気抵抗を下げることにつながった。また，エンジン関連装置が胴体部分に配置されないので，従来機よりも機内空間が2割ほど広くなった。

　2015年にはFAA（アメリカ連邦航空局）から型式証明を取得し，2017年以降では，小型ジェット機の世界市場シェアで1位を占めている。

　こうしたホンダ・ジェットは，ハーバード・ビジネススクールの教材（"Flying into the Future"）にもなっている。執筆を手がけたピサノ教授は，ホンダ・ジェットを「空飛ぶシビック」と称し，「新しいケイパビリティを社内開発して，別のビジネスで成功する」ケースとして紹介する。

　そして，他社が超小型機に参入しない理由について，まずGMやフォード・モーター社は本業が不振であるため，コア・ビジネスの収益改善のほうが優先されるから。そしてボーイングやエアバスは大型機を作る固定費と変わらないのに，1機当たりの価格が安く，需要も見込めないからであると説明する。

　一方でホンダは，1986年から「人間型（自律二足歩行）ロボット」の研究を進めていた。それは「鉄腕アトムのようなロボットを作ろう」というコンセプトから始まるものだった。

　当時の開発チームは「移動用機械」について次の3案それぞれについての基

礎研究に着手していた。① 目的地を入力すると，そこまで連れて行ってくれる知能自動車（自動運転システム）や，従来の半分の重さの超軽量自動車といった二次元移動，② 飛行機という三次元移動（後のホンダ・ジェットにつながる），③ 分身ロボットという四次元移動（時間や空間を超えて存在するモノ）。

　このうち，四次元移動のコンセプトが「人間の形をして歩くモノ」に定められた。二足歩行が究極のモビリティ（移動手段）と見なしたのだった。自動車が入れない荒れ地や高山でも，人間なら歩いて入っていくことができる。だから，二本足で人間のように歩く機械を開発するという，時代を先駆けるアイデアの具現化に挑んだのである。

　そして，人間では持つことのできないような重い荷物を持つことが可能なら，ニーズはさらに広がると捉えた。つまり 3K2F（キツイ・危険・汚い・不可能・不得手）の業務（発電所，山林，畑などでの仕事や介護，買い物など生活上での仕事）をロボットに代行させるということである。

　よって，製品開発の目標は「100kgの荷物を持って歩くことのできる，50kgの体重のヒト型ロボット」に据えられた。その開発過程を辿ってみると，まずもっての課題は歩き方だった。人間は足の裏に常に重心があるような歩き方をしない。また，バランスを崩しても足が前に出て倒れないようにして体を支える。その繰り返しでスムーズに歩くことができるのである。

　足に硬いゴムを用いて，足首の動きをコンピュータ制御で柔らかくすることでメリハリが付き，床の衝撃にも耐えることができる。そうした歩き方が成功したのは 1991 年春のときであった。

　これに続く課題は，姿勢が傾いた際に，どのようにして元の状態（安定歩行）に戻すかということだった。① 足の裏で踏ん張る，② 踏ん張りきれない場合には体を傾けて姿勢を戻す，③ 歩幅の修正で体と足を適切な位置にするという 3 つの安定制御が，その解決につながった。

　1993 年の P1（プロトタイプ 1 号）では物をつかむことができ，このプロジェクトが初めて公表された 1996 年末での P2 では階段を昇り降りし，台車を押せるようになっていた。1997 年秋の P3 では背丈が 120cm とコンパクトになり，

歩き方も洗練された。

　そうした段階を経て 2000 年に登場したのが初代 ASIMO（アドバンスト・ステップ・イン・イノベーティブ・モビリティの頭文字を取った名称）だった。以降 2002 年には接近した人に挨拶し，10 名ほどの顔を識別できた。2005 年では時速 6km で走り，人と手をつないで歩くことができた。2007 年には動き方を自ら判断し，複数の ASIMO と共同作業を行えた。

　現在，ホンダは人型ではなく「人と共存する」ロボットをめざし，それまでの ASIMO 開発で培ったヒューマノイドロボット研究での応用的な高度技術を集積し，3E（エンパワー：強化，エクスペリエンス：経験，エンパシー：共感）を有する最先端ロボット製品に活かそうとしている。

　この ASIMO の事例で特筆すべきことは，自動車メーカーが人間型ロボットを作ることに取り組んでいたという点である。これはホンダにとって「ビジネスの柱を 1 つ増やす」という戦略的意図に基づく多角化（安直な目先の競争に踊ることなく，未来を見据えた基礎研究に取り組むこと）であった。

　とりわけ ASIMO は介護用ロボットとして「家の中を走るクルマ」という考えがあった。少子高齢化という必ず訪れる未来を見据えた開発だったのである。これは「シナリオ・プランニング」という，登場しうる製品のユーザーを思い描いて，そのコンテクストやビヘイビアを摑んで，展開を予測しようとする手法（未来のストーリーを語るためのツール）であった。

　それはまさに未来のユーザーと寄り添っていこうという意味での「コンカレント・デザイン思考」であった。こうしたデザイン思考は，現代ビジネスにおいて極めて重要な考え方であるのは確かである。

　既述のホンダ・ジェットも，まさにシナリオ・プランニングから生まれた。ホンダエアクラフトカンパニーの藤野道格社長は「20 年後の世界を見ている。プライベート・ジェットが身近な移動手段になるように，裾野を拡げる」と語る。

　付記すると，シナリオ・プランニングには次の 2 つの手法がある。

　① 未来円錐：じょうごの口の部分を現在とし，未来に進むにつれ，じょう

ごの裾の広がりは状況の不確実性の増加を示す。その時間軸では「望ましい未来」「起こりそうな未来」「起こりうる未来」「起こってもおかしくない未来」「ワイルドカード（何でもアリ）」といった通路ができる。この未来円錐を用いて，シナリオ・プランナーは過去と現在の傾向をもとに未来の展望を推測する。

　②シナリオ・マトリクス：想定される選択肢を x 軸と y 軸上に配置して可視化するもの。4 等分されたグリッドから，2 つの不確実要素（消費者の嗜好・社会構造・規制・収入レベルなど）がどのように関係し合うかを捉えて意思決定する。

5. 個人レベルで養えるデザイン思考

　現代ビジネスにおいてデザイン思考が求められる現在では，そのトレーニング方法が数多示されるようになった。

　例えばダニエル・ピンク（作家）は，①デザイン専門誌を読む，②ミュージアムに行く，③目に留まったデザインの良し悪しをノートに書き留めるといったことを提案する。外出先で感じたことを記録することで，デザインが日常生活に及ぼす影響度について論理的に考えられるようになるのである。

　ジェームズ・ダイソンも同様に，自宅にある製品の気に入らないところをリストアップすることでデザイン思考は鍛えられるとする。

　また，トム・ピーターズは，①紙幣 1 枚を持って買い物に行き，その予算内で買えるデザインにはどのようなものがあるかを知る。②標識（シグナル）や取扱説明書（マニュアル）が分かりやすいものであるかどうかを注視する。③普段アクセスするウェブサイトを見比べるといったことを奨める。

　あるいは「PINO」などのヒューマノイドロボットのデザインを手がけた松井龍哉は，自身がルーブル美術館で見かけた次のような光景を紹介する。

　小学生の団体が絵の価値についての授業で訪問していて，引率者から「この絵，あなたならいくらで買いますか？」と質問されていた。およそ買えるような値段ではないのだが，小学生たちは自分のお小遣いの何ヵ月分かで考える。このことで，アートに対する経済センスが養われるのである。

次には，「その絵をどこに飾りますか？」と問われる。これも自分の家のどこに飾るのかを考えることを通じて，実生活の中にアートをどのように組み込むかについてのセンスが磨かれる。

　この経験談を通じて松井龍哉は「向こうはデザイン学校にしても，弁護士を招いて商標権や特許について学ぶ。卒業後すぐに独立するので，権利関係を知らずには働けない。デザインと産業は切り離せない」とし，その点でデザイナーは「クリエイティブなリアリスト」と表現する。

6. 経験のデザイン

　デザイン・リードによる価値創出戦略を採ることが，なぜ現代ビジネスにおいて有効であるかというと，経験というものが売り物になっているからである。

　例えば2018年，バンク社は旅行代金を上限10万円，2ヵ月後に支払うことで良いとし，未納でも取り立てなし（その代わりアプリの使用が不可となる）という「TRAVEL Now（後払い専用オンライントラベルサービスアプリ）」で，旅行という経験ファーストを打ち出し，「思い立ったら，すぐトラベル！」という触れ込みで顧客に提供した（バンク社は2019年に解散。同サービスは「エアトリ Now」として継承された）。

　また，スノーピークが提案する，アウトドアを取り入れて地域や働き方の未来を作る拠点キャンピングオフィス・オソト（愛知県岡崎市）は，シェアオフィス・コワーキングスペースで映画を上映し，その後に感想を言い合える交流会という場を提供する。

　あるいは，ポップコーン・シアター（2016年創業）は，映画作品をネット配信でどこでも上映可とする，場所を選ばないオープンプラットフォームのマイクロシアターを提供する。その際，一定のチケット販売枚数達成を上映の条件とすることでリスクを抑えている。

　このように，経験をセールスポイントとするスタートアップ企業が後を絶たない状況下である。リーマン（ブランドコンサルタント）は，こうした経験がロ

イヤルティを得るまでには，① どのような価値を提案するのかが認識されること，② どのようなビジネスを行っているのかが周知されること，③ 市場でのポジションが定まり，安定すること，④ 行っていることの独自性から選ばれることといった段階をクリアする必要があると唱える。

　こうした経験ビジネスについての代表的な著作である，パインとギルモア（ビジネスコンサルタント）によって書かれた『経験経済』では，経験は次の4つに分類されて捉えられる。

　① 教育的（エデュケーショナル）：学校やカルチャーセンター，語学教室，資格検定などに積極的に参加することで知識やスキルを習得できる経験，② 脱日常的（エスケーピスト）：テーマパークやサードプレイスで時を過ごす経験，③ 審美的（エステティクス）：ミュージアムやシアター，コンサート会場などに自身が身を置くことで得られる経験，④ 娯楽的（エンターテインメント）：以上の経験を，受動的に五感を通じて獲得すること。

　これらの4分野は，いずれも "e" から始まる単語で表現できるので「経験の4E」と称される。これらには「顧客の4S」を満たすことが求められる。まず満足感（サティスファクション）を得ること。そして支払った金額以上のことを提供すること。価格はそのために犠牲（サクリファイス）となる。さらには驚き（サプライズ）を与え，次回ではそれ以上の驚きを期待するという緊張感（サスペンス）がある。そうした4Sに十全に応えることができる経営要素はデザインしかないのである。

　また2020年に『経験経済』の再刊行に際して，新たに追記された前書きにおいては，オンラインでの経験が増してきた現代では，経験が与えられる場がデジタル上に移行してきていることが，Amazon プライムなどの事例から指摘された。その際に重要となるのは，顧客が時間を消費することにお金を費やしているということである。これをパインとギルモアは「マネー・バリュー・オブ・タイム（MVT）」と称している。

　これは日本で「トキ消費」と呼ばれているものと同義である。こうしたMVTやトキ消費においても，経験をデザインすることが重要であることには

変わりない。

　かつてヘンリー・ドレフュス（アメリカのインダストリアルデザイナー）が「製品と人々との接触点が衝突点になる場合，そのデザイナーは失敗している。そうではなく，人々がより安全になり，より快適になり，もっと商品を買いたいと思うようになり，もっと効率良くなる場合，つまりは，より幸せになるのなら，そのデザイナーは成功している」と語ってから半世紀以上たったが，この見解は依然，正論として現代ビジネスに投げかけることができる。

　例えば，マイクロソフトと Google でインクルーシブ・デザイン（一人ひとり違うこと：「ワン・サイズ・フィッツ・ワン」を包摂した思慮深いデザイン）を担当したホームズは，デザインが人々とモノの間でのミスマッチやエクスクルージョン（排除）をもたらす原因になるのならば，デザインが改善策にもなるとし，それには相応の取り組みが必要だと見なす。

　何が求められるかと言うと，① デザインとデザイナーの定義を拡大すること，② 人間に関する自分の思い込みが正しいかどうかを検証すること，③ 自分が誰を排除しているのかを考え，それによってソリューションを変えることを挙げている。

　現代ビジネスの1つの真理として，Apple や無印良品のようにシンプルなデザインがミスマッチすることなく，市場受けしているのは，人々が「簡にして要を得る」表現が達成されている製品にこそ，高い美的満足を覚えるからである。

　生態学的デザイン論者のパパネックは，そうした簡素化された製品から得られる満足感を「優雅（エレガンス）」と呼んだ。その満足の度合いが深いほど，その製品は美的であり，知的でもある。それがつまりは完全形に近いことから生じる魅力を有するというわけである。

〈本章を身近に感じるためのエクササイズ〉

　1. 自身が関心のある業界において「花」と「花器」モデルが採られているかどうか確認してみよう。もし確認された場合，どのようなものであるか示

してみよう。

2. 本章で取り上げられた事例以外で「デザイン・リード・ベンチャー」と呼べる企業を調べてみよう。

3. 本章で取り上げられた事例以外で「ペルソナ・マーケティング」がなされている商品・サービスには，どのようなものがあるか調べてみよう。

4. 本章で取り上げられた事例以外で，経験をセールスポイントとしている企業には，どのようなところがあるか調べてみよう。

第9章　経験価値提供ビジネス：無印良品を事例として

〈本章を理解するためのキーワード〉
シニフィエ，最大価値戦略，リ・デザイン，一等地の二等地

1. シニフィエを売る

　戦略アドバイザーのカイ・ライトは，喧騒的な現代社会の中でブランドを構築するには，次の5要素で感情に訴えかけることが必要だとし，その頭文字を取って LAVEC モデルを提唱する。

　① 言葉で気に留める（レクセカン・トリガーズ）：「トライブ（部族のような仲間）」を築き上げる（トライブへの訴求，ボキャブラリーのブランド化）。② 聴覚にきっかけを与える（オーディオ・キューズ）：即時に認識できるようにする（ソニック・シグネチャー，雰囲気）。③ 視覚を刺激する（ビジュアル・スティミュラス）：会話するブランドになる（シンボル・形態・色・イメージ）。④ 経験させる（エクスペリエンス・ドライバー）：フィードバック・ループス（反応を戻すことを繰り返して，結果を増幅させること），オムニチャネル（複数の販路活用），エコシステム（ビジネス生態系，事業連携協業）。⑤ 文化と結び付ける（カルチャル・コネクションズ）：思想を活動で示す（価値・目的・政策）。

　これらを昭和の時代に日本で実践してきたところに，西武百貨店を始めとするセゾングループを挙げることができる。

　西武百貨店のコーポレートカラーは青色という寒色である。これは顧客ニーズに感覚的ではなく知的に，そして抽象的ではなく具体的に応じていくという姿勢を示すものである。そして，青と緑のポールマーク模様の包装紙は，煙草「ピース」のリ・デザイン（1964）で知られる田中一光によるものである。

　また，セゾングループは旧名称を西武流通グループとし，西友，パルコ，ファミリーマート，クレディセゾン，無印良品，ロフト，イープラス，リブロ，吉野家，イルムス，ザ・ガーデン，ジャガージャパン，インターコンチネンタルホテルズなど流通から不動産・ホテル・化学・金融に至るまで 100 社以上で構

成されていた。

　西武百貨店は，男女雇用機会均等法 (1985年) が成立する以前の1979年に「女の時代。」というスローガンのポスターを作成し，時代を先取りした。翌1980年では「じぶん，新発見。」，1981年には「不思議，大好き。」，1982年には「おいしい生活。」と，ハイコンセプトな6文字コピーの連作をポスターとともに示すことで，自社の方向性を明確に示した。これらはいずれも，コピーライター糸井重里とアートディレクター浅葉克己によるものだった。

　ちなみに，この6文字での表現に関しては，1954年に『老人と海』でノーベル文学賞を受賞した作家ヘミングウェイが「6語で小説を書くことはできるか？」という賭けに答えて創作した「世界最短の小説」が有名である。それは "For Sale : baby shoes, never worn," というものである。「売ります。赤ちゃんの靴，未使用。」という訳になるが，なぜ売ることになったのかについて想像すると味わい深い。

　1975年，西武百貨店池袋店ロワジール館は8・9階にスポーツ，10階に音・映像，11階に書店，12階に美術館という，各フロアで名称通りにロワジール (レジャー) を経験させる構成を採っていた。美術館は1999年に閉館し，書店 (リブロ) は2015年に閉店したが，その間には文化発信の役割を十分に果たした。

　そこには，創始者の堤清二による「これから豊かになっていく日本では欧米有閑階級の楽しんでいるレジャーがマスレジャーとして広がる」という未来志向の視点があった。

　また，堤清二は西武美術館について「運営は，いわゆる美術愛好家の手によってではなく，時代の中に生きる感性の所有者 (言わば人間愛好家) によって動かされることになる。美術館であって美術館ではない存在，それを私達は『街の美術館』あるいは『時代精神の運動の根拠地』『創造的美意識の収納庫』と呼んだりする」と語っていた。ここに，資本の原理 (安さだけの追求) より人間の論理 (個別多様性への対応) を重視する堤清二の哲学が見受けられる。

　西武百貨店代表取締役社長を務めた松本隆は，セゾンのマーケティングは記号論 (スイスの言語学者で「近代言語学の父」と呼ばれるフェルディナン・ド・ソ

シュールによって立ち上げられたもの)の「シニフィエ(記号内容：意味されるもの)」を文化的背景とした情報価値を提供したと見なす。

シニフィエの対になるのは「シニフィアン(記号表現：意味するもの)」という固有の価値(利用価値)である。例えば「道」という場合，道路がシニフィアンであり，人の道(生き方)がシニフィエである。「自動車」の場合では移動手段がシニフィアンであり，ステータスを示すことがシニフィエである。プロダクトにおけるシニフィエは「センスの良い豊かな暮らし」を示すものとなる。

セゾンのシニフィエは一言で言えば「コンセプト」だったと，松本隆は述懐する。それは今までにない新しい概念を生み出すプロセスであり，仕事をする前提であり，意味であり，糧であるという。曰く，西武百貨店は社会的意味を前提とし，人真似をしないでゼロから考えるので，コンセプトが三度の飯より大切だった，と。そうしたコンセプトを見つける者がマーケターであり，それには好奇心・猜疑心・行動力の3つが必要だと見なした。

企画に関して，社内では「異化効果(ドイツの劇作家ブレヒトが1930年頃に演劇理論の用語として初めて用いた)」という，普通のものを何らかの違和感のある提示の仕方で特別なものにしてしまう方法論が採られた。広告は人目を惹かなければ意味がなく，見る者に少しばかりの違和感を与えなければならないので「摩擦係数を上げる」という表現がよく使われた。

2. 最大価値戦略の追求

呉服系の百貨店では，商品の分類ができないものは「雑」と見なして取り扱うことはしなかった。しかし堤清二は，ガジェット(雰囲気を楽しむ小道具的な商品・非実用的・遊戯的な商品)の世界にこそ次世代のヒントとエネルギーがあるとし，その発想からロフトと無印良品が生まれることとなった。

中でも無印良品について松本隆は「初期のコンセプトを崩すことなく，さらに磨きをかけながら経営している」「コンセプトが裸で歩いているライフスタイル商品群である」と評する。

無印良品は，自社のアイテムを日々の生活を支える「裏方商品」と捉え，大

176

戦略（最も大事とする不変なこと：その時に応じて変化する戦略の上に来るもの）を
「役に立つ」ことに据えている。

　その始まりは1970年代末，西武流通グループ内に発足された商品科学研究
所にあった。そこは消費者目線で新商品を研究開発する組織であり，メンバー
は一般の主婦で構成された。堤清二の立ち位置は，本書第7章で示した「支援
はするが管理はしない（金は出すが口は出さない）」という一任主義が採られた。

　この一任主義については，イタリアンデザイン界の巨匠エンツォ・マーリの
「良いデザインをしたいのなら，良い事業を行わなければならない。何をする
にもお金は必要だ。良いデザインは良い事業あっての行為である」というコメ
ントが本質を突いている。

　この研究所から生まれたブランドが「素材館」であった。味付けを全くしな
い「ゆであずき」など，とにかく素材そのものの良さを活かす商品が西友を中
心に販売された。この取り組みの中で「最良の生活者」が選び取るような（ブ
ランド名やデザイナー名を冠することない）商品を提供する無印良品のアイデア
が誕生した。

　その契機は，マッシュルームの缶詰だった。缶詰にはマッシュルームの真ん
中の綺麗な部分だけが入っていて，切り取られた両端は捨てられていた。また，
野菜も曲がっていないモノが優先的に店頭に並んでいた。結局，調理してしま
えば，どのような形をしているかは関係のないことである。

　このように「形だけにこだわることは，もったいない。そのモノ本来の用途
をじっくりと考えるべきである」という反体制的な考え方が，1980年に西友
のプライベートブランドとして創業した無印良品（食品中心の40アイテムでス
タート）につながった。

　この時，無印良品の原点となる3つの要素が定められた。1つ目は思想性で
あり，マスプロダクション（大量生産）とは反対の位置に身を置くということ。
2つ目はイメージ形成力であり，色・デザイン・パッケージを統一するという
こと。3つ目は経済性であり，商品としての質は高いが，価格は安いというこ
と。このうち，経済性について，①素材の選択，②生産工程の省略，③包装

の簡略化が追求された。

　素材の選択では，添加物や過剰な加工に頼らず，素材の特性を最大限に活かすことがなされる。初期のヒット商品に「鮭水煮」という缶詰があった。通常では頭と尻尾を除いた胴体だけが使用されるが，鮭を丸ごと用いたのである。そのキャッチフレーズは，コピーライターの小池一子によって「しゃけは全身しゃけなんだ」と付けられた。

　生産工程の省略では，必要以上に手間をかけないことがなされる。通常，衣料品は「糸をさらす（白くする）」という工程があるが，それを省いて生成りの生地でシャツを作ることがなされた。

　包装の簡略化では，多色刷りや包み紙などをしないことで，パッケージ・コストが下げられた。液体を入れる容器が統一されていること。クラフト封筒が札束をまとめるように帯ラベルだけで綴じられていることなどが好例である。

　こうした3点から追求する経済性は，単なる量産によるコストダウンでも価格競争によるプライスダウンでもない，徹底した経営努力による低価格（ロープライス）であり，そのことを「わけあって，安い」というフレーズで示した。

　これは消費者に対して，商品が妥協の産物ではないことから「これ“で”いい（This will do.）」という満足感をもたらす。つまり，商品でありながら商品であること（「これ“が”いい」と思われるように強く訴求すること）を拒むことで，買い手の共感を得るのである。

　一般に戦略は，安さを売りとするコスト・リーダーシップか，高品質を武器にする差別化に大別できるが，その両方の要素を同時に追求する第3の方法として「最大価値戦略（best-value strategy）」もある。これはハリソン教授（リッチモンド大学）による用語だが，達成の難易度は極めて高い。

　「これ“で”いい」は，無印良品の最大価値戦略を端的に示す戦略文書であると言える。供給過多の現代消費社会において，日用品の素顔を見せることで「飾り気のない，素のまんまの生活を楽しもう」というメッセージを送っているのである。

　「これ“で”いい」は，後に「無印でいい（MUJI is enough.）」とも言われた。

「こういうモノが欲しい」とイメージして買い物に出かけたが，欲しいモノは見つからなかった。最後に無印良品に行ったところ「こんなモノがあったのか。思った通りのモノだ。これでいいじゃないか」と思われるということである。

エンツォ・マーリの言葉に「デザインとは究極的には論理の思想であり，それは技術によって作られるものではない。思想によって生まれるものだ」「産業体制は，その誕生から理想・平等・変化と対立してきた。デザインあるいは優れたプロジェクトは，その対立のアレゴリー（直接に表現するのではなく，他の事物で暗示的に表現する方法）である」とあるが，これはいみじくも無印良品の在り方そのものを指し示している。

3. 原研哉のデザイン観

通常，「商品＋α」が付加価値であるのに対し，「商品－α」によって経験価値を創出（省き，簡素化することで魅力を創出）することで，無印良品は「マイナスの審美」を示した。それは初代アートディレクターの田中一光が導き出した生活美学であった。

言い換えると，無印良品は「素のまんま」の形が最適であるという経験価値を一貫して提供する。例えば「白磁のめし茶碗」は，陶磁器デザイナーの森正洋がデザインしたモノであり，「これでもう，50年は茶碗のデザインはしなくていい」と語るほどの普遍性が見立てられている。

「素のまんま」とは，人が何かを見出す余白を奪ってしまい，見立てを邪魔する「過度のデザイン」の反対にあり，枯山水（石や砂で山や水の流れを表現すること）に近い。物質的に「豊か」ではなく，精神的に「感じ良い」暮らしを志すが故の「素のまんま」なのである。

1988年に田中一光が編集した『無印の本』では「自然・無名・シンプル・地球大」という4つの単語が無印良品から連想される言葉として選ばれた。自然とはお手本にするものであり，多くの恵みの源が自然であること。無名とは，名前や記号を冠することよりも先に創ることへの情熱がほとばしって生み出されるアノニマスデザインであること。シンプルとは，汎用性に富み，モノづく

りの結果の究極の形であること。地球大とは，地球が抱える危機的状況と自社ビジネスを常に関連付けて，意識的に動くことである。

2001年，田中一光から無印良品のアートディレクションを引き継いだ原研哉は，こうした無印良品の簡潔さは西洋のシンプルさとは違うと感じていた。

かつて田中一光が無印良品について「豪華さに引けを感じることなく，簡素であることをむしろ誇らしく感じる」と述べていたことから「エンプティネス（恐るべき簡素さ）」という概念に辿り着いた。生け花や茶の間，庭園，建築などに見られるエンプティ（空っぽ）な状況こそに美意識が宿っていると。それはデザインを「途中下車」しながら，デザインとして成立させていることを示している。

原研哉のデザイン観は「受け手の頭の中に，情報（出来事）という建築を立てる」というものである。その建築とは，五感に刺激することで出来上がるイメージのことであり，その人の有する過去の記憶で肉付けされる。これを意図的に発生させるようなコミュニケーションデザインを行っている。

その際にキーワードとなるものが2つある。1つは「ハプティックな感覚」である。五感は人が有するセンサーであるが，とりわけデリケートな感覚は全身に発達した「触覚」である。その触覚を中心とした繊細感覚をデザインで喜ばすのである。

原研哉は白色を好んで用いる。白色は汚れやすいので，デザインではフラジャイルとされる。だが，それを逆手に取り，例えば病室で使われるシーツや，レストランのテーブルクロスは白さを保つことで，清潔感をアピールできるように，白色は清らかなイメージを最も強く打ち出すことができる。

筆者の担当するゼミでは毎年，銀座課外授業に出かけている（2020年は未開催）。その際に必ず訪問するところに銀座松屋がある。学生の中には「銀座にまで行って牛丼を食べるのですか？」と言う者もいるが，百貨店である。2001年のリニューアルを原研哉が担当した際にも，やはり白色が採用された。高級感や刷新性，現代性，品位を表現する，プレステージの高い色だからである。

外壁が白であることで背景性や包括力が生まれ，さらに奥行きも出るので，

経験価値が提供されやすくなる。買い物袋や包装紙，ポイントカードも白色で統一し，空間の肌触りが創出された。その狙いは，銀座松屋を「触知できるメディア」にして，それまでの「良質な生活提案」から「ファッション（流行の先端）」へのイメージ転換にあった。

リニューアル前の銀座松屋のコーポレートカラーは青色だった。青色のままでファッション化を進めると，下手をすると免税品店のようなイメージを持たれてしまう。店内全てのブランドを包み込むためには，一回り大きなプレゼンスを有する白色が最適なのであった。

白について，原研哉は漢文学者の白川静博士による「白」という字の解釈を重要視する。「白」は頭蓋骨の象形文字と見なされる。野に放置され，雨風や陽光にさらされ，漂白された頭蓋骨から「白」の字が生まれたのである。このことから原研哉は「白」は「生の痕跡」であり「死に接した色」でありながら，乳や卵など「生に接する色」でもあることから「生命の周辺にある色」と捉える。

そうした原研哉のデザイン観における，もう1つのキーワードは「リ・デザイン（デザインのやり直し）」である。有名なものには箸がある。中国の箸は長くて先が細くないモノだったが，日本では使いやすいように短くして，先を細くするリ・デザインがなされ，使いやすくなった。

原研哉は，日常を未知化するために，リ・デザインを行う。見慣れたモノでもデザインが少し違うと，人は新鮮さを感じながら驚く。いまあるモノをいかに古く見せることができるかどうか，つまりは既知なモノを未知なモノに変えて，新発見を促すのである。

特に無印良品が取り扱う日用品は，リ・デザインに適している。日用品には新奇なモノはなく，その機能や価値をすでに認知し，共有されている。だから，微妙な変化に気づきやすい。

2000年，原研哉が企画した「リ・デザイン展」は，そうした趣旨でなされた。中でも建築家の坂茂による四角い芯のトイレットペーパーは白眉であった。通常，丸い芯が四角いことで起こる変化は，器具に装着して引き出す時に軽い抵

抗力が生まれるところにある。それにより，必要以上には紙を使わないでおこうという節約の意識が芽生える。四角いリ・デザインが省資源のメッセージを無言で語るのである。

そうしたデザイン観を持つ原研哉は，極めて理性的な観点に立ったリソースの活かし方やモノの使い方に対する哲学を「世界合理価値」と呼ぶ。それは「これ"で"いい」という最大価値戦略を採用する無印良品の思考と合致する。原研哉は，このコンセプトを「北を指す方位磁石のように，生活の基本と普遍を示すもの」とし，現代消費社会が必要とする価値観であると考える。

原研哉とともに無印良品のアドバイザリーボードを担う深澤直人は「脚色しない，飾らない」ということが，無印良品のリアリティであると指摘する。それは情景としてだけ存在して，感情は込めないということである。言い換えると，色気は追わずに禁欲を守ることであり，相手との距離を保つために，語らないことである。そうした「さりげなく，おごらず，でしゃばらず」が無印良品独自の倫理意識となっている。

深澤直人のデザイン観は前章で示したように「ウィズアウト・ソート（考えない）」であるが，ここでいま１つ紹介すると「ジャスト・ライト（程良い）」という考えがある。モノを買い過ぎたり，食べ過ぎたりして後悔しないような程良さが結局は心地良いということである。無印良品は生活の中の行き過ぎに対して，常に調和するようにバランスをとるのである。

そのため，無印良品ではデザイナーのエゴイズムを排除して「最適な素材で，最適な形を作ること」が一貫されている。「そのモノのエッセンスだけをデザインする」という究極の省略が徹底されているのである。

初の海外店舗（ロンドンのウェスト・ソーホー地区）のショップデザインを担当した建築家のリチャード・ウルフは当時，「欧米人にとって，伝統的な日本の美学を当世風に捉え直している。スピリチュアルであり，控え目なデザインには明瞭さがある」と語っている。

また，デザイナーへのデザイン料は有名・無名を問わず，決まったルールのもとに支払われている。ロイヤルティー制を基本とし，その歩合は決して高く

はない。それでもデザイナーにとっては無印良品でデザインしたことは大きな実績となるし，店舗で大量に自身がデザインしたモノが販売されることはギャランティ以上の魅力がある。

4.「一等地の二等地」出店

　無印良品は海外展開も進んでいる。国内外の総店舗数は 1,033 であり，国内は 477，海外は 556 と海外のほうが多い（2020 年 2 月期）。最多は中国 273 で，その次に台湾 49，韓国 40，香港 21，タイ 19，アメリカ 19 と続く。

　中国に無印良品が進出したのは 2005 年であるが，その後，海外で最も多くの店舗を展開できた理由としては次のようなものが挙がる。① 中国の小売業者が香港のマーケットに注視しており，香港で成功した無印良品を誘致したため，② 最初の 2 店舗（上海・北京）が成功したため，③ 条件を提示して 2 度目の交渉では出店を決めるから（契約相手に吹っかけるようなことはせずに，一度出した条件は変えないから）。

　無印良品は，このように控え目な契約の仕方が現地で好感を得ており，さらには立地においても控え目な戦法を採る。例えば 2004 年にミラノに進出した時には，「一等地の二等地」に出店することで家賃を低く抑えることができた。

　一等地の一等地は，大都市の路面店（1 階フロア）である。そこにはマクドナルドやスターバックス，ZARA，H&M が入ることが多い。そうした建物の 2 階フロアは 1 階と比べると賃料は安い。そうした一等地の二等地に出店するのである。日本では例えば鳥貴族がテナントビルの 2 階に出店している場合が多い。

　これは 1991 年，初の海外出店となったロンドンで，高賃料のため赤字が続いたことを教訓としている。これに関して良品計画の松井忠三代表（当時）は「イギリスではディベロッパーは天国で，テナントは地獄であると言われ，家賃の仕組みが厳しい。以前はそのようなことを知らずに出店したが，その後では意識するようになった」と述懐する。

5. IKEA に見る最大価値戦略

　本章2節で最大価値戦略について触れたが，これを追求している企業例をいま1つ挙げて，理解を深めてみよう。

　神話学者のキャンベルが提唱した「ヒーローズ・ジャーニー（英雄の旅）」という概念がある。古今東西の神話や民話はどれも，恵まれない境遇に育った主人公が旅に出て，困難に打ち克ちながら成長し，何かを成し得て帰還するという意味である。

　これは現代のコンテンツにおいても『スター・ウォーズ』『ドラゴンボール』『ドラゴンクエスト』などに共通して見られ，現代ビジネスでも「結果にコミットする」ライザップなどで採用されるアプローチである。

　ここで取り上げる IKEA の店舗も，このヒーローズ・ジャーニーによって，非日常の世界という冒険に誘う仕掛けがなされている。店舗を迷宮（ラビリンス）に見立て，入り口と出口を1つずつとし，1本の長い道を作り，意図した道順に誘導するのである。

　入店し，まずは上りエスカレーターに誘われ，2階のエントランスに向かう。アイテムは入り口に置かれる鉛筆と紙製のメジャー（商品の寸法を測るため），そして大きなショッピングカート。探検中にはルームセットの誘惑に遭う。カートに欲しくなった商品を入れていく「つかみ取り消費」が促される。道筋は1階，さらには地下へと続く。そこは商品倉庫エリアであり，メモしておいた商品を陳列棚から自ら取り出し，チェックカウンターへと進む。旅路を終えた後には「戦利品のようなご褒美」として，低価格のソフトクリームやホットドッグが待ち構えている。これが IKEA におけるヒーローズ・ジャーニーである。

　その1号店は1958年，スウェーデンのユルムフルトにできた（現在は IKEA ミュージアムとなっている）。IKEA は，戦後において登場した「消費者文化（消費を文化的行為として捉えること）」にいち早く応じるべく，買い物というイベント（コト消費）に，美しい形態を有しながらも機能的であり，なおかつ値段も手頃な商品という最大価値を自前の店舗で提供した。

　ちなみに IKEA の名称は，創業者のイングヴァル・カンプラードのイニシャルと，彼の故郷であるスウェーデン南部スモーランドのエルムタッド農場があるアグナリッドの頭文字を並べて付けたものである。

　IKEA が最大価値戦略を追求するようになった契機は，イングヴァル・カンプラードが通っていたミラノ・サローネ（国際家具見本市）で感じていたことにあった。そこでは一流デザイナーによる優雅で高価な家具が並んでいた。だが，そうした家具は実際の生活で使うには適さないモノばかりだった。デザインが良くても，それが購入され，日々の暮らしの中で使用されない限り，モノとしての価値はないと見なしたのである。

　そこで IKEA がめざしたのは，民主的デザインであった。つまり，デザインを生産性に従わせて，グッドデザインで安価なモノを量産するという最大価値を求めたのである。

　これに関して，イングヴァル・カンプラードは「作業デスクを作るために3,000マルク（当時のドイツ通貨）かけて良いのならば，どんなデザイナーにだってできる。だが，機能的で形も美しい作業デスクを200マルクでデザインしろと言われたら，相当の知恵と経験が必要となる」と述べている。

　そこで IKEA の商品は，まず値段から決定していった。材料費・製造費・人件費・輸送費などを最初に算出して，プライスゴールを定めるのである。手頃な価格にするために，材料や梱包の無駄を徹底的に省いていった。組み立て式であるのも，運送時に積みやすく，壊れにくくするためであった。それはプラモデルとフィギュア（組み立て・塗装済みの完成品）の違いそのものであり，自身で組み立てを行うことで，安価が実現できた。

　こうした IKEA の商品開発は，次のような「優れた家具をデザインするための7ヵ条」としてまとめられている。

　① 優れた形・機能・品質・色・手頃な価格を総合的に考える。② デザインのトーン＆マナーを重視したシリーズ商品を開発する。③ 日常生活に根差した商品開発を心がけ，素材を無駄にせず，消費者が簡単に組み立てられるようにする。④ シンプルで機能的，幅広い用途を持つ。⑤ 手入れしやすい素材を

組み合わせて用いる。⑥ 新しい素材・色・技術に常にチャレンジする。⑦ 工場の現場でアイデアが生まれることが多々ある。

　このように時代も国も違えど，無印良品と多くの点で共通したデザインへの取り組みを IKEA に見ることができる。

6.　ウーマノミクスへの取り組み

　本章の最後に，ウーマノミクス（女性の能力活用）について取り上げておこう。イケア・ジャパンの女性比率は正社員の 65.5%，役員では 42.9%，管理職では 49.5%（2019 年時点）と日本企業の中では割合が高い。IKEA のメインユーザー層が女性であるため，こうしたウーマノミクスは必須である。

　これは IKEA 本社のあるスウェーデンが，男女格差（ジェンダー・ギャップ：男女間の不均衡を示す）指数が世界 4 位（アイスランド，ノルウェー，フィンランドに次ぐ）レベルで，性別による格差が少ないことにもよる（世界経済フォーラム調べ，2020 年時点）。日本企業がイケア・ジャパンのようにウーマノミクスを促進させることは，今後の現代ビジネスにおける経験価値提供の展開の鍵を握ることは確かである。

　かねてより，「日本は女性の進学率が高く，大学卒業者も多く，企業にとっては大きな戦力となるので，女性が働きやすい職場環境を整える必要がある」ということが求められている。ベストプラクティスを示すのがノルウェーである。大学生の 60% が女性であるため，彼女らの能力を最大限に活かすことができるように，2003 年から「企業は取締役の 40% 以上を女性にしなければならない」ということを法律で定めたのである。

　日本では女性管理職が 12%（2018 年時点）と世界平均の 27.1% と比べると著しく低い（国際労働機関調べ）。2020 年，民間の調査でも 7.8% と依然として低い水準にとどまっている（帝国データバンクによる全国 1 万 1,732 社への調査）。

　それでも昨今では，日本において取り組み事例が増えている。例えば，アステラス製薬では 2007 年での女性管理職の割合が 1.8% であったのを 2020 年には 10% 以上にすることを数値目標に掲げている。より進んでいるのが損害保

険ジャパンであり，現在15.4％であるのを2020年度末には30％とするダイバーシティが促されている。

　役員においてはANAやJT，P&G，サンリオ，日産自動車などが率先して女性の比率を高め，女性ユーザーに向けた商品・サービスの提供に注力している。

　社員についてはサマンサタバサ，カルディ，ルミネ，エキュート（JR東日本エキナカの商業施設）など主に女性客の来店が多いところでの比率が高い。佐川急便も2002年では7％だった女性社員が2012年には17％にまで増え，京都・祇園では女性が三輪車で配達している。2018年には『佐川女子』という写真集が発売され，女性社員リクルートへの広報役を担った。

　商品企画の点でも，これまでに女性のアイデアが活かされたモノが数多ある。世界初となるアルコール度数0％のビールテイスト飲料となった「キリンフリー」（2009年発売）は妊婦や運転時でも飲めるようにと，マーケティング担当（当時）の梶原奈美子が提案し，プロジェクトリーダーを担って開発されたモノだった。

　梶原奈美子は化粧品メーカー出身のアウトサイダーであったが，プロジェクト発足当初から参加しており，「アルコールがないなら，より多くの人に飲んでもらえる。年齢制限のない化粧品業界にいた経験を活かせる」と語っている。発売イベントを高速道路のパーキングエリアで開催したことも，彼女の発案によるものであった。

　また，バンダイから2007年に発売された，指でつぶして遊ぶ玩具「∞（むげん）プチプチ」は，開発に協力した緩衝材メーカーの川上産業の広報担当だった杉山彩香の役割（ネットショップ開店，プチプチ文化研究所の設立など）が大きかった。

　他にも，スターバックスコーヒージャパンの「抹茶フラペチーノ」は日本の女性社員の発案によるもので，蒸し暑い日本の夏には氷を用いたモノが適しており，味も日本のキラーフレーバーである抹茶が採用された。

　1994年，井村屋が発売した「イカスミまん」も当時24歳だった女性社員の

アイデアが採用された商品であった。当時ブームとなっていたイカスミパンや
イカスミスパゲッティーのテイストをいち早く取り入れたのである。実際，大
学生だった筆者も冬時にコンビニレジ横の保温器に肉まん，あんまんとともに
置かれたイカスミまんを幾度か購入した記憶がある。

　また iRobot 社の「Roomba」は，開発者であるコリン・アングルの在籍し
た研究室のクラスメイトだったヘレン・グレイナーのアイデアが元になってい
る。

　このように，現代ビジネスをウーマノミクスという視点から切り取ることも
新発見が豊富に得られる。

〈本章を身近に感じるためのエクササイズ〉

　1. 無印良品の商品を幾つか取り上げ，そのデザインや思想性はどのようなも
　　のであるか考えてみよう。

　2. 日用品を1つ取り上げて，その改善点を挙げた上で，リ・デザインを考え
　　てみよう。

　3. 現在，無印良品が展開している MUJI HOTEL（深圳・北京・銀座），青果
　　販売（有楽町店），鴨川里山トラスト（千葉県）といった新規ビジネスや，海
　　外市場への新規出店がどのような状況であるか調べてみよう。

　4. ウーマノミクスが進んでいる会社について，本章で列挙されている会社の
　　中から数社取り上げて，現在どのような状況であるか調べてみよう。また，
　　本章で取り上げられていない会社の取り組み事例も幾つか挙げてみよう。

あとがき

〈巨大分岐点となった 2020 年〉

2020年，新型コロナウイルスによる感染症（COVID-19）の猛威が世界中を襲った。「ニューノーマル（新たな常識）」という用語は 2008 年のリーマン・ショック以後，経営学において既に使われていたが，今回を機に一気に浸透した。

コロナについて 2020 年 5 月に出版されたビジネス書では，後書きなどに急きょ加筆した形で記されたが，6 月以降には「アフター・コロナ，ウィズ・コロナの経営」を主題として著されたものが多く刊行された。

例えば経営コンサルタントの遠藤功は，歴史の 70 〜 80 年サイクルという視点でコロナを捉える。1787 年，天明の打ちこわし（江戸時代，天明の大飢饉による民衆暴動）。1868 年，明治新政府樹立による開国。1945 年，終戦。これに次ぐ大変革が 2020 年，未知のウイルス感染となる。

コロナという「目に見えない黒船」は，まず「移動蒸発」を引き起こした。外出や移動に規制がかかり，飛行機・電車・自動車の利用者が著しく減った。これが「需要蒸発」につながり，外食・小売店の売上げが大きく減少した。このことで「雇用蒸発」が誘発され，失業者が増えた。現在は，そうした「蒸発のドミノ倒し」という出口の見えないトンネルの中にいる。

企業は，コロナ前と比べて「70％エコノミー」まで回復できれば御の字であり，その縮小経済（マイナスサム・エコノミー）に身の丈を合わせる必要だとされる。

仕事では，高度専門性と市場性を兼ね備えた「プロの時代」を迎え，働き方は通勤・出張・残業・対面・転勤・用紙・ハンコなどが不要となる「レスの時代」となるという。この転換において，コロナ・ショックをコロナ・チャンスにできる取り組みができるかどうかが決め手となる。そこで提唱されるのが，次の4 つの経営戦略である。

① サバイバル戦略：ダメージを最小化するために，守りを固める。方策（1）人員を適正化する，（2）コストを変動費化する（業務のアウトソーシングで身軽に

なる），(3) 内需を開拓する。

②生産性戦略：不要なことはしない。方策 (1) オンライン化，リモートワークをデフォルト（定番）とする，(2) 廃止する業務を定める，(3) 幸せを感じられるスマートワークを実現する。

③成長戦略：時代に合ったインキュベーション・プラットフォームを確立する。方策 (1) アジャイル（機敏な）方式で新規事業を育成する，(2) 若手をリーダーに抜擢する，(3) M&A で時間を買う。

④人材戦略：卓越した個人の直感や行動力で突破する。方策 (1) 市場価値に基づく新たな人事制度を作る，(2) ミッション（使命）を明確にし，リザルト（結果）を志向する，(3) ナレッジワーカーを活用する。

これらの経営戦略が，今後のビジネス・コンパスになるのは間違いない。この指針に同調する実践例には星野リゾートがある。国内に 42，海外に 3 施設を有するが（2020 年 8 月時点），自社の優秀な人材を失うことが最大の危機であるので「赤字になっても倒産しない（利益が出なくても生き延びる）こと」を目標として，今が経営の力の見せ所だと星野佳路代表は語っている。

その際，売上げを 100％元に戻すことはできなくとも，70％ほどには回復したいとしており，「70％エコノミー」を心得ていることを確認できる。そのための戦略として選んだのが「マイクロツーリズム」である。「近場の旅」をテーマに，車で 1 〜 2 時間の範囲での県内観光をすることで，地元再発見を促すものである。これは内需を開拓するサバイバル戦略であり，実際，星野佳路代表も「サバイバル」をコロナ禍でのキーワードに掲げた。

また，このコロナ禍で堅調な成長を示した企業例には出前館が挙がる。緊急事態宣言による外出自粛の影響で，経営難に陥った外食店の出前代行サービス（出前館を通じたデリバリー）を行い，「外食の救世主」と呼ばれた。前年比で利用者数は 24％増，店舗数は 25％増となり，加盟店は全国で 3 万店にのぼる。

注文や配達に加えて調理も代行するために「インキュベーション・キッチン（キッチンに革命を起こすという意味）」を直営スタッフで設置したり，LINEとの業務提携でスケールメリットやユーザーインタフェイスを得るプラット

フォームを構築したりと，本書で見てきた現代ビジネスのエッセンスを豊富に見ることができる。

　出前館の中村利江会長（2020年10月に退任を発表）の「日本の外食は，おもてなし精神によるイートインが中心だが，海外ではテイクアウトやデリバリーがメイン。そちらにシフトしつつ，日本発のグローバル・スタンダード（容器の蓋に手書きのメッセージを記すなど）の確立をめざす」という構想は，未来志向そのものである。

　このように，コロナ禍でのライフスタイルに適合したビジネスを行う出前館や Uber Eats，あるいは任天堂の携帯用ゲーム機「Switch Lite」，オンラインの動画配信サービスを提供する Netflix や Amazon プライム，ウェブ会議サービスを提供する Zoom などは，在宅・巣ごもり特需を大いに享受した。

　一方で，人の移動が大きく制限されたことにより，航空・鉄道・バス・タクシー・ホテルといった観光業に関する産業は大打撃を受け，さらには自動車・百貨店・エンタメ・化粧品・紳士服など，ステイホームによって売上げが大きく減少した業界は数多ある。これらの業界が，まずは70％エコノミーをめざして，どのようにリカバリーしていくのか，その過程を注視することは現代ビジネス論の大きな課題である。

〈最大値の経験という醍醐味〉

　かつて「時代は変わる（The Times They Are a-Changin'）」と歌ったのは，2016年に歌手として初めてノーベル文学賞を受賞したボブ・ディランだったが，コロナ騒動により，時代の変化はブレーキ無しの加速モードに突入した。

　これ以前にも時代の変わり目を感じることがあった。学生時代を過ごした京都の寺町や新京極などのアーケード商店街が，この20年間で軒並み飲食店に変わったのである。2019年ではタピオカドリンク店が目立ち，そのオーダー待ちの長い列を見ると，極私的な京都が上書きされたような思いだった。

　サードプレイスとしていたジュンク堂書店も2020年に閉店した。ここに自著が平置きされることを夢見て，研究者の道を歩み始めた。1996年のことで

ある。それから10年後に，その夢が実現した時の喜びは筆舌に尽くしがたい。だが，その場所すら「夢の跡」となった。京都の変化は，私にとって虚しさを残すだけであった。

　また，筆者の務める大学の正面にはTSUTAYAがあった。そこでは見知った学生たちと遭遇し，立ち話をすることもしばしばあった。彼らが普段，何を観たり聴いたりしているのか，若者のトレンドを知れる貴重なひとときだった。だが，ここも2017年に閉店し，回転寿司屋に変わった。

　食文化も大事だが，自身が通った書店やCDショップが次々と姿を消しているのは口惜しいことである。コンテンツ購入はオンラインに代替され，確かに便利であるが，この方向が自身にとって望ましいことであるかと問われれば，すぐには首を縦に振ることはできない。その最も大きな理由は，身体性が伴わないからである。

　大学1年生の時，レポート作成のための参考文献を友人と探し求めたことがあった。昼過ぎに大学から市バスに30分揺られて四条河原町に初めて出て，書店を回り，あれこれと書籍を吟味し，数冊を購入した。その後，互いに買った本を交換し合いながら，レポートを完成させた。あの達成感・充実感は忘れ難いものである。

　30年ほど前のことであるが，今でも鮮明に覚えている。祇園祭が始まる時頃の風の香り。商店街に流れていたコンチキチンという祭囃子のBGM。初めて食べた京野菜カレー。すっかり暗くなった帰り道，バスの中で蛍のように点灯した「とまります」のボタン。買い込んだ本の重みや，ついで買いしたスニーカーやTシャツの嵩張り具合。買い物という行為は，いまなら数分間で，掌の上で完結できる。それに比べると，随分と無駄な時間を費やしたことになるが，あの日は自分史の大切な一頁となっている。

　苦労して最適な参考書を探し当てたこと。帰路に相当の疲労感を覚えたこと。京都ならではの蒸し暑さを体全身で受け止めたこと。親しい友人とともに歩き回ったこと。これらはいずれも泥臭いが，利便性を追求するオンラインでは得難い，身体性を伴うオフラインだけに宿る価値である。

　経営学者の楠木建教授（一橋ビジネススクール）は，著名経営者と実際に会う意味について，話を聴くことも重要だが，何より「本物（優れた経営者のセンス）の匂いを嗅ぐこと」が目的であると語る。この見解には大いに賛同できる。

　現在，オンライン飲み会や無観客配信ライブなど対面式の代替策が採られている。やむを得ないことだが，味気無いものであり，何より温度ないし湿度を五感で感じ取るという醍醐味を欠いてしまう。

　醍醐味とは，牛や羊の乳を精製する五味（乳・酪・生酥・熟酥・醍醐）の最終段階にあたる。段階が上がるにつれ，質は良くなり，最上の味を持つのが醍醐味である。このことから「物事の本当の面白さ」を意味するようになった。

　『フラガール』（2006）という実話に即した映画をご覧になったことはあるだろうか。劇中，フラガールになりたいという娘に反対していた母親が，それを認めるようになるシーンがある。

　踊りの練習にひたすら取り組む娘を目の当たりにした母親が，それまでは炭鉱で生きるか死ぬかのところで働くということが「仕事」だと思っていたけれど，踊って人を楽しませる仕事もこの世にあるのではないかと，フラガール志望の娘を応援し始めるのである。

　マズローは，人々を夢中にさせると同時に，モノの見方や理解を変えるような経験を「最大値の経験（ピーク・エクスペリエンス）」と呼んだ。フラガールも当時の人々を夢中にさせ，作中にあるように母親の考え方を変えたという点では，最大値の経験を与えたと言える。オンラインで，そうした最大値の経験を得ることが果たしてできるだろうか。

　生身の人間が目の前で汗を流しながら，懸命にパフォーマンスをする。それに心を突き動かされることは，どんなに時代が変わろうとも，人には必要な最大値の経験である。これから迎えるポスト・コロナ社会においても，こうした経験が与えられる場は不変であってほしい。

　そう願う原風景がある。本書第3章で木下サーカスを取り上げたが，筆者の地元である岡山県に拠点を置くこともあり，公演を観に行く機会に恵まれていた。小学生の頃はチケットを手にした時から胸躍るものがあった。毎日，チラ

シを眺めては待ち遠しく過ごしていた。そこからすでにイベントは始まっていたのである。

　観覧当日には，広大な土地に建てられたテント。動物の臭い。曲芸への感嘆。汗を流しながら飲み干した炭酸飲料。観客の拍手。それらを五感から味わった。観覧後，数日は公演での印象的な場面を何度も脳裏で再現し，長い余韻に浸っていた。随分と昔の思い出であり，当時の写真も手元にはないが，体感した全てが今もはっきりとした記憶として留まっている。そうした心の引き出しに，たくさんのコトが詰まっていることが，人生の豊かさなのだと感じる。

　コロナ禍で，そうした最大値の経験が奪われているのは由々しき事態である。ニューノーマルではなく，アブノーマル（社会の有り様が正常ではないさま）としか思えない，この自粛的・規制的日常が1日でも早くノーマルに戻ることを祈るばかりである。

　木下サーカスは2020年3月から7月までの5ヵ月間，公演開催がかなわなかった。だが，その間に1人も解雇・退職者を出さなかった。シルク・ドゥ・ソレイユが経営破綻し，会社更生手続きを行うという市場の原理で動く一方で，木下サーカスは人間の論理で，この難局に耐えて「ショー・マスト・ゴー・オン」を実践しているのである。同郷の者として誇らしく，また，涙が出る思いである。ここにこそ「アフター・コロナ，ウィズ・コロナの経営」について学ぶべきことが豊富にある。

　2020年10月

　　　　　　　　　　　　　　　　　　　　　　　　岩谷　昌樹

参考文献

第 1 章

大前研一『個人が企業を強くする「エクセレント・パーソン」になるための働き方』小学館 2018 年

小林弘人『After GAFA　分散化する世界の未来地図』KADOKAWA　2020 年

佐々木康裕『D2C「世界観」と「テクノロジー」で勝つブランド戦略』ニューズピックス 2020 年

西口尚宏・紺野登『イノベーターになる　人と組織を「革新者」にする方法』日本経済新聞 出版社　2018 年

マルクス・ガブリエル著，大野和基訳『世界史の針が巻き戻るとき　「新しい実在論」は世 界をどう見ているか』PHP 研究所　2020 年

ロッシェル・カップ，到津守男，スティーブ・マギー『日本企業がシリコンバレーのスピー ドを身につける方法』クロスメディア・パブリッシング　2017 年

Alter, A., *Irresistible : The Rise of Addictive Technology and the Business of Keeping Us Hooked*, Penguin Books, 2017. ／上原裕美子訳『僕らはそれに抵抗できない　「依存症ビ ジネス」のつくられかた』ダイヤモンド社　2019 年

Botsman, R. and Rogers, R., *What's Mine is Yours: The Rise of Collaborative Consumption*, Harper Business, 2010. ／関美和訳『シェア〈共有〉からビジネスを生みだす新戦略』 NHK 出版　2010 年／ペーパーバック版　NHK 出版　2016 年

Botsman, R., *Who Can You Trust? How Technology Brought Us Together and Why It Could Drive Us Apart*, Penguin Books, 2017. ／関美和訳『TRUST　世界最先端の企業は いかに〈信頼〉を攻略したか』日経 BP 社　2018 年

Coyle, D., *GDP : A Brief but Affectionate History*, Princeton University Press, 2014. ／高 橋璃子訳『GDP　〈小さくて大きな数字〉の歴史』みすず書房　2015 年

Downes, L. and Nunes, P., "Finding Your Company's Second Act," *Harvard Business Review*, January-February, 2018.

Evans, D. S. and Schmalensee, R., *Matchmakers : The New Economics of Multisided Platform*, Harvard Business Review Press, 2016. ／平野敦士カール訳『最新プラット フォーム戦略　マッチメイカー』朝日新聞出版　2018 年

Foroohar, R., *Don't Be Evil : How Big Tech Betrayed Its Founding Principles–And All of Us*, Currency, 2019. ／長谷川圭訳『邪悪に堕ちた GAFA　ビッグデータは素晴らしい理 念と私たちを裏切った』日経 BP 社　2020 年

Friedman, T. L., *The LEXUS and the Olive Tree : Understanding Globalization*, Farrar, Straus and Giroux. 1999. ／東江一紀・服部清美訳『レクサスとオリーブの木　グローバ リゼーションの正体（上）（下）』草思社　2000 年

Friedman, T. L., *The World is Flat : A Brief History of the Globalized World in the Twenty-first Century*, Penguin Books, 2005. ／伏見威蕃訳『フラット化する世界　経済の

大転換と人間の未来（上）（下）』日本経済新聞社　2006 年

Friedman, T. L., *Thank You For Being Late*, Fsg Adult, 2016. ／伏見威蕃訳『遅刻してくれ
て　ありがとう　常識が通じない時代の生き方（上）（下）』日本経済新聞出版社　2018 年

Galloway, S., *the four : The Hidden DNA of Amazon, Apple, Facebook and Google*,
Portfolio, 2017. ／渡会圭子訳『the four GAFA　四騎士が創り変えた世界』東洋経済新報
社　2018 年

Hagiu, A. and Altman, E. J., "Finding the Platform in Your Product," *Harvard Business
Review*, July-August. 2017.

Kyncl, R. and Peyvan, M., *Streampunks : How YouTube and the New Creators are
Transforming Our Lives*, Harper Business, 2017. ／渡会圭子訳『YouTube 革命　メディ
アを変える挑戦者たち』文藝春秋　2018 年

McAfee, A. and Brynjolfsson, E., *Machine, Platform, Crowd : Harnessing Our Digital
Future*, W.W. Norton & Co., 2017. ／村井章子訳『プラットフォームの経済学　機械は人
と企業の未来をどう変える？』日経 BP 社　2018 年

Merchant, B., *The One Device : The Secret History of the iPhone*, Little, Brown and
Company, 2017. ／倉田幸信訳『THE ONE DEVICE ザ・ワン・デバイス iPhone という
奇跡の "生態系" はいかに誕生したか』ダイヤモンド社　2019 年

Moazed, A. and Johnson, N. L., *Modern Monopolies : What It Takes to Dominate the 21st-
Century Economy*, St. Martin Press, 2016. ／藤原朝子訳『プラットフォーム革命　経済
を支配するビジネスモデルはどう機能し，どう作られるのか』英治出版　2018 年

Nenonen, S. and Storbacka, K., *SMASH : Using Market Shaping to Design New Strategies
for Innovation, Value Creation, and Growth*, Emerald, 2018.

Parker, G. G., Alstyne, M. W. Van and Choudary, S. P., *Platform Revolution : How
Networked Markets Are Transforming the Economy-And How to Make Them Work for
You*, W. W. Norton & Co., 2017. ／妹尾堅一郎監訳，渡部典子訳『プラットフォーム・レ
ボリューション PLATFORM REVOLUTION　未知の巨大なライバルとの競争に勝つた
めに』ダイヤモンド社　2018 年

Rosenblat, A., *UBERLAND : How Algorithms Are Rewriting the Rules of Work*,
University of California Press, 2018. ／飯嶋貴子訳『Uberland ウーバーランド　アルゴリ
ズムはいかに働き方を変えているか』青土社　2019 年

Siilasmaa, R. with Fredman, C., *Transforming NOKIA : The Power of Paranoid
Optimism to Lead Through Colossal Change*, McGraw-Hill Education, 2018. ／渡部典子
訳『NOKIA 復活の軌跡』早川書房　2019 年

Stone, B., *Upstarts : Uber, Airbnb, and the Battle for the New Silicon Valley*, Corgi. 2017.
／井口耕二訳『UPSTARTS　Uber と Airbnb はケタ違いの成功をこう手に入れた』日経
BP 社　2018 年

Weill, P. and Woerner, S. L., *What's Your Digital Business Model ? : Six Questions to Help
You Build the Next-Generation Enterprise*, Harvard Business Review Press, 2018. ／野
村総合研究所システムコンサルティング事業本部訳『デジタル・ビジネスモデル　次世

代企業になるための 6 つの問い』日本経済新聞出版社　2018 年

第 2 章

入山章栄『世界標準の経営理論』ダイヤモンド社　2019 年

宇野常寛『若い読者のためのサブカルチャー論講義録』朝日新聞出版　2018 年

宇野常寛『遅いインターネット』幻冬舎　2020 年

落合陽一『働き方 5.0　これからの世界をつくる仲間たちへ』(小学館新書) 小学館　2020 年

北野唯我『職場の人間関係に悩む，すべての人へ　天才を殺す凡人』日本経済新聞出版社　2019 年

紺野登『イノベーション全書』東洋経済新報社　2020 年

坂井直樹『好奇心とイノベーション　常識を飛び越える人の考え方』宣伝会議　2020 年

堺屋太一『団塊の後　三度目の日本』(毎日文庫) 毎日新聞出版　2019 年

佐々木紀彦『異質なモノをかけ合わせ，新たなビジネスを生み出す 編集思考』ニューズピック
ス　2019 年

世耕石弘『近大革命』産経新聞出版　2017 年

髙津伊兵衛『創業 320 年の鰹節専門店「だし」再発見のブランド戦略』PHP 研究所　2020 年

瀧本哲史『僕は君たちに武器を配りたい　エッセンシャル (短縮) 版』(講談社文庫) 講談社　2013 年

瀧本哲史『戦略がすべて』(新潮新書) 新潮社　2015 年

長田新子『アスリート×ブランド　感動と興奮を分かち合うスポーツシーンのつくり方』宣伝会議　2020 年

藤田晋『起業家』幻冬舎　2015 年

ポール・クルーグマン他著，大野和基編『未完の資本主義』(PHP 新書) PHP 研究所　2019 年

三島邦弘『パルプ・ノンフィクション　出版社つぶれるかもしれない日記』河出書房新社　2020 年

茂木健一郎『孤独になると結果が出せる』廣済堂出版　2020 年

安室憲一監修，古沢昌之・山口隆英編著『安室憲一の国際ビジネス入門』白桃書房　2019 年

ヤング吉原麻里子・木島里江『世界を変える STEAM 人材　シリコンバレー「デザイン思考」の核心』(朝日新書) 朝日新聞出版　2020 年

鷲田清一『岐路の前にいる君たちに　鷲田清一　式辞集』朝日出版社　2019 年

Bahcall, S., *Loonshots : How to Nurture the Crazy Ideas That Win Wars, Cure Diseases, and Transform Industries*, St. Martins Press, 2019. ／三木俊哉訳『LOONSHOTS (ルーンショット) クレイジーを最高のイノベーションにする』日経 BP 社　2020 年

Barnett, W. P., *The Red Queen among Organizations : How Competitiveness Evolves*, Princeton University Press, 2008.

Christensen, C. M., *The Innovator's Dilemma : When New Technologies Cause Great*

Firms to Fail, Harvard Business School Press, 1997. ／伊豆原弓訳『増補改訂版イノベーションのジレンマ』翔泳社　2001 年

Christensen, C. M., Ojomo, E. and Dillon, K., *The Prosperity Paradox : How Innovation Can Lift Nations Out of Poverty*, Harper Business, 2019. ／依田光江訳『繁栄のパラドクス　絶望を希望に変えるイノベーションの経済学』ハーパーコリンズ・ジャパン　2019 年

Czinkota, M. R., *In Search for the Soul of International Business*, Business Expert Press, 2019.

Dane, E., "Reconsidering the Trade-Off between Expertise and Flexibility," *Academy of Management Review*, Vol.35, No. 4, 2010.

Daugherty, P. R. and Wilson, H. J., *HUMAN + MACHINE : Reimagining Work in the Age of AI*, Harvard Business Review Press, 2018. ／保科学世訳『HUMAN + MACHINE　人間＋マシン　AI 時代の 8 つの融合スキル』東洋経済新報社　2018 年

Drucker, P. F., "The Discipline of Innovation," *Harvard Business Review*, Vol.63, May-June 1985.

Epstein, D., *Range : Why Generalists Triumph in a Specialized World*, Riverhead Books, 2019. ／東方雅美訳『RANGE〈レンジ〉知識の「幅」が最強の武器になる』日経 BP 社　2020 年

Goldfarb, B. and Kirsch, D. A., *Bubbles and Crashes : The Boom and Bust of Technological Innovation*, Stanford University Press, 2019. ／渡部典子訳『テクノロジー・バブル　なぜ「熱狂」が生まれるのか（生まれないのか）？』日経 BP 社　2020 年

Hartley, S., *The Fuzzy and the Techie : Why the Liberal Arts Will Rule the Digital World*, Houghton Mifflin Harcourt, 2017. ／鈴木立哉訳『FUZZY-TECHIE　イノベーションを生み出す最強タッグ』東洋館出版社　2019 年

Heimans, J. and Timms, H., *NEW POWER : How it's Changing the 21st Century−and Why You Need to Know*, Macmillan, 2018. ／神崎朗子訳『NEW POWER　これからの世界の「新しい力」を手に入れろ』ダイヤモンド社　2018 年

Hoffman, R. and Yeh, C., *Blitzscaling*, Currency, 2018. ／滑川海彦・高橋信夫訳『BLITZSCALING　苦難を乗り越え，圧倒的な成果を出す武器を共有しよう』日経 BP 社　2020 年

Hromas, R. and Hromas, C., *Einstein's Boss : 10 Rules for Leading Genius*, Amacom Books, 2018. ／三輪美矢子訳『EINSTEIN' S BOSS　アインシュタインズ・ボス　「天才部下」を率いて，最強チームをつくる 10 のルール』TAC　2019 年

Iger, R., *The Ride of a Lifetime : Lessons Learned from 15 Years as CEO of the Walt Disney Company*, Bantam Press, 2019. ／関美和訳『ディズニー CEO が実践する 10 の原則』早川書房　2020 年

Johnson, M. W. and Suskewicz, J., *Lead from the Future : How to Turn Visionary Thinking into Breakthrough Growth*, Harvard Business Review Press, 2020.

Joni, S., "Stop Relying on Experts for Innovation：A Conversation with Karim Lakhani," *Forbes : online edition*, October 2, 2013.

Kotler, P. and Stigliano, G., *Retail 4.0*, Mondadori Electa, 2018.／恩蔵直人監修，高沢亜砂代訳『コトラーのリテール 4.0　デジタルトランスフォーメーション時代の 10 の法則』朝日新聞出版　2020 年

Lehrer, J., "Steve Jobs：'Technology Alone Is Not Enough', "*The New Yorker*, October 7, 2011.

Mayo, M., "If Humble People Make the Best Leaders, Why Do We Fall for Charismatic Narcissists ?, "*Harvard Business Review*, April 7, 2017.

Morgan, A. and Barden, M., *A Beautiful Constraint : How to Transform Your Limitations Into Advantages, and Why It's Everyone's Business*, Wiley, 2015.／文響社編集部訳『逆転の生み出し方』文響社　2018 年

O'Reilly, T., *WTF? : What's the Future and Why It's Up to Us*, Harper Business, 2017.／山形浩生訳『WTF 経済　絶望または驚異の未来と我々の選択』オーム社　2019 年

Peters, T., *The Excellence Dividend : Meeting the Tech Tide with Work That Wows and Jobs That Last*, Vintage, 2018.／久保美代子訳『新エクセレント・カンパニー　AI に勝てる組織の条件』早川書房　2020 年

Poole, S., *Rethink : The Surprising History of New Ideas*, Scribner, 2016.／佐藤桂訳『RE：THINK（リ・シンク）答えは過去にある』早川書房　2018 年

Randolph, M., *That Will NEVER Work : The Birth of NETFLIX and the Amazing Life of an Idea*, Little, Brown and Company, 2019.／月谷真紀訳『不可能を可能にせよ！ NETFLIX 成功の物語』サンマーク出版　2020 年

Robert, M. A., *Unlocking Creativity : How to Solve Any Problem and Male the Best Decisions by Shifting Creative Mindsets*, John Wiley & Sons, 2019.／花塚恵訳『Unlocking Creativity　チームの創造力を解き放つ最強の戦略』東洋経済新報社　2020 年

Robson, D., *The Intelligence Trap : Why Smart People Do Stupid Things and How to Make Wiser Decisions*, Hodder & Stoughton, 2019.／土方奈美訳『The Intelligence Trap　なぜ，賢い人ほど愚かな決断を下すのか』日本経済新聞出版　2020 年

Rowan, D., *Non-Bullshit Innovation*, Bantam Press, 2019.／御立英史訳『DISRUPTORS 反逆の戦略者　「真のイノベーション」に共通していた 16 の行動』ダイヤモンド社　2019 年

Schilling, M. A., *Quirky : The Remarkable Story of the Traits, Foibles, and Genius of Breakthrough Innovators Who Changed the World*, Public Affairs, 2018.／染田屋茂訳『世界を動かすイノベーターの条件　非常識に発想し，実現できるのはなぜか？』日経 BP 社 2018 年

Schmidt, E., Rosenberg, J. and Eagle, A., *Trillion Dollar Coach : The Leadership Playbook of Silicon Valley's Bill Campbell*, Harper Business, 2019.／櫻井祐子訳『1 兆ドルコーチ シリコンバレーのレジェンド ビル・キャンベルの成功の教え』ダイヤモンド社　2019 年

Sloane, P., *The Leader's Guide to Lateral Thinking Skills : Unlocking the Creativity and Innovation in You and Your Team*, Kogan Page, 2006.／ディスカヴァー編集部訳『ラテラル・シンキング入門　発想を水平に広げる』ディスカヴァー・トゥエンティワン　2019 年

Yu, H., *Leap : How to thrive in a World Where Everything Can Be Copied*, PublicAffairs, 2018. ／東方雅美訳『LEAP　ディスラプションを味方につける絶対王者の5原則』プレジデント社　2019年

第3章

池森賢二「私の経営観　ファンケルの創業から現在まで」横浜国立大学経営学会『横浜経営研究』Vol.25, No.1　2004年6月

池森賢二『企業存続のために知っておいてほしいこと』PHP研究所　2019年

片山修編『本田宗一郎の手紙　現代を生きるビジネスマンへ』ネスコ　1993年

包行均『ものづくりは，演歌だ。　義理と人情の"ものづくり"で世界一を目指す男』ダイヤモンド社　2013年

栗原幹雄『面白いことをとことんやれば，必ず「起業」はうまくいく。』アスペクト　2008年（『フレッシュネスバーガー手づくり創業記』アスペクト文庫　2011年）

栗原幹雄『フレッシュネスバーガー社長の成功するアイデアノート』アスペクト　2009年

酒井照彦『ワークマンは商品を変えずに売り方を変えただけでなぜ2倍売れたのか』日経BP社　2020年

堺屋太一『巨富への道　創業の極意を探る』PHP研究所　2010年

坂根正弘『言葉力が人を動かす』東洋経済新報社　2012年

清水勝彦『戦略の原点』日経BP社　2007年

正垣泰彦『おいしいから売れるのではない 売れているのがおいしい料理だ』日経BP社　2011年（日経ビジネス人文庫　2016年）

高田誠『P&G式 伝える技術 徹底する力　コミュニケーションが170年の成長を支える』（朝日新書）朝日新聞出版　2011年

谷口和弘『戦略の実学　際立つ個人・際立つ企業』NTT出版　2006年

塚越寛『新訂　いい会社をつくりましょう』文屋　2012年

遠山正道『スープで，いきます　商社マンがSoup Stock Tokyoを作る』新潮社　2006年（『成功することを決めた　商社マンがスープで広げた共感ビジネス』新潮文庫　2011年）

新村猛・内藤耕『「がんこ」の挑戦　抜きん出たおもてなしを創り出す』生産性出版　2011年

野崎亙『自分が欲しいものだけ創る！　スープストックトーキョーを生んだ『直感と共感』のスマイルズ流マーケティング』日経BP社　2019年

三品和広『経営戦略を問いなおす』筑摩書房　2006年

宗次德二『日本一の変人経営者　CoCo壱番屋を全国チェーン店に育てた男の逆境力』ダイヤモンド社　2009年

宗次德二『CoCo壱番屋　答えはすべてお客様の声にあり』（日経ビジネス人文庫）日本経済新聞出版　2010年

村山由佳『風は西から』幻冬舎　2018年（幻冬舎文庫　2020年）

安野清『健全なる冒険　勝算を見極めて果敢に挑む』ダイヤモンド社　2018年

安田隆夫著，月泉博編著『情熱商人　ドン・キホーテ創業者の革命的小売経営論』商業界

2013 年

山岡淳一郎『木下サーカス四代記　年間 120 万人を魅了する百年企業の光芒』東洋経済新報社　2019 年

山西義政『ゆめタウンの男　戦後ヤミ市から生まれたスーパーが年商七〇〇〇億円になるまで』プレジデント社　2019 年

山口芳生『サイゼリヤ革命　世界中どこにもない " 本物 " のレストランチェーン誕生物語』柴田書店　2011 年

渡邉美樹『渡邉美樹のシゴト進化論』日経 BP 社　2008 年

Brodsky, N. and Burlingham, B., *The Knack : How Street-Smart Entrepreneurs Learn to Handle Whatever Comes Up*, Portfolio, 2008. ／上原裕美子訳『経営の才覚　創業期に必ず直面する試練と解決』アメリカン・ブック＆シネマ　2009 年

Leijonhufvud, J. and Carlsson, S., *Spotify Inifrån*, Albert Bonniers Förlag, 2019. ／池上明子訳『Spotify　新しいコンテンツ王国の誕生』ダイヤモンド社　2020 年

Taylor, W. C. and LaBarre, P., *Mavericks at Work : Why the Most Original Minds in Business Win*, Harper Large Print, 2006. ／小川敏子訳『マーベリック・カンパニー　常識の壁を打ち破る超優良企業』日本経済新聞出版　2007 年

第 4 章

掛尾良夫『『ぴあ』の時代』(キネ旬総研エンタメ叢書) キネマ旬報社　2011 年

小仲正久『アドベンチャー精神と価値創造経営　革新こそ新たな伝統を生む』ダイヤモンド社　2004 年

小仲正久『成熟市場の価値創造』東洋経済新報社　2010 年

宣伝会議編『デザイン力が創り出すブランド　ISSIMBOW』宣伝会議 Business Books 2009 年

巽尚之『アート引越センター　全員野球の経営』PHP 研究所　2006 年

西野博道・山下眞理『「ワクワクドキドキ」やずや式少数盛栄術』西日本新聞社　2006 年

矢頭美世子『社長室はいりません　やずやの少数盛栄経営』あさ出版　2011 年

Drucker, P. F., *Managing in a Time of Great Change*, Butterworth–Heinemanne, 1995. ／上田惇生・佐々木実智男・林正・田代正美訳『未来への決断　大転換期のサバイバル・マニュアル』ダイヤモンド社　1995 年

Fenn, D., *Alpha Dogs : How Your Small Business Can Become a Leader of the Pack*, Collins, 2005. ／宮本喜一訳『アルファドッグ・カンパニー』講談社　2007 年

第 5 章

荒川詔四『優れたリーダーはみな小心者である。』ダイヤモンド社　2017 年

伊丹敬之『経営の知的思考　直感で発想　論理で検証　哲学で跳躍』東洋経済新報社　2020 年

井上達彦『ブラックスワンの経営学　通説をくつがえした世界最優秀ケーススタディ』日経 BP 社　2014 年

岩田松雄『チームリーダーのための 7 つの習慣』商業界　2017 年
上坂徹『職業，挑戦者　澤田貴司が初めて語る「ファミマ改革」』東洋経済新報社　2020 年
内田和成『リーダーの戦い方　最強の経営者は「自分解」で勝負する』日経 BP 社　2020 年
内田樹『常識的で何か問題でも？　反文学的時代のマインドセット』(朝日新書) 朝日新聞出版　2018 年
大塚英樹『「使命感」が人を動かす　成功するトップの絶対条件』集英社インターナショナル　2015 年
大塚英樹『社長の危機突破法　思考力・胆力・現場力』さくら舎　2016 年
大前研一『発想力「0 から 1」を生み出す 15 の方法』小学館新書　2018 年
大山健太郎『ロングセラーが会社をダメにする　ヒット商品は消費者に聞け』日経 BP 社　2013 年
大山健太郎『アイリスオーヤマの経営理念　大山健太郎　私の履歴書』日本経済新聞出版社　2016 年
金井壽宏『リーダーシップ入門』日経文庫　2005 年
川北英隆・奥野一成編『京都大学の経営学講義 いま日本を代表する経営者が考えていること』ダイヤモンド社　2017 年
熊谷昭彦『GE 変化の経営』ダイヤモンド社　2016 年
公益財団法人日産財団監修，太田正孝・池上重輔編『カルロス・ゴーンの経営論』日本経済新聞出版社　2017 年
坂本光司『強く生きたいあなたへ』WAVE 出版　2016 年
鈴木喬『社長は少しバカがいい。乱世を生き抜くリーダーの鉄則』WAVE 出版　2016 年
竹中平蔵『平成の教訓　改革と愚策の 30 年』(PHP 新書)　PHP 研究所　2019 年
丹道夫『「富士そば」は，なぜアルバイトにボーナスを出すのか』(集英社新書)　2017 年
迫俊亮『やる気を引き出し，人を動かす リーダーの現場力』ディスカヴァー・トゥエンティワン　2017 年
中西宏明・冨山和彦『社長の条件』文藝春秋　2019 年
ハーバード・ビジネス・レビュー編集部編『ハーバード・ビジネス・レビュー リーダーシップ論文ベスト 10 リーダーシップの教科書』ダイヤモンド社　2018 年
藤森義明『リーダーは前任者を否定せよ　プロ経営者の仕事術』日本経済新聞出版社　2017 年
ベアトリス・コラン，ジャン＝フランソワ・デルプランク著，田中道雄・三浦信・佐々木保幸・和田聡子訳『ロレアル「美」の戦略』中央経済社　2018 年
洞口治夫『MBA のナレッジ・マネジメント　集合知創造の現場としての社会人大学院』文眞堂　2018 年
宮本彰『KING JIM ヒット文具を生み続ける独創のセオリー』河出書房新社　2015 年
山下淳一郎『日本に来たドラッカー』同友館　2017 年
鷲田清一『しんがりの思想　反リーダーシップ論』角川新書　2015 年
鷲田清一『岐路の前にいる君たちに　鷲田清一　式辞集』朝日出版社　2019 年

Buckingham, M. and Goodall, A., *Nine Lies About Work : a Freethinking Leader's Guide to the Real World*, Harvard Business Review Press, 2019. ／櫻井祐子訳『NINE LIES ABOUT WORK　仕事に関する9つの嘘』サンマーク出版

Chamorro-Premuzic, T., *Why Do So Many Incompetent Men Become Leaders ? :（And How to Fix It）*, Harvard Business Review Press, 2019. ／藤井留美訳『なぜ,「あんな男」ばかりがリーダーになるのか　傲慢と過信が評価される組織心理』実業之日本社　2020年

Goffee, R. and Jones, G., *Why Should Anyone be Led by You ? With a New Preface : What it Takes to be an Authentic Leader*, Harvard Business Review Press, 2015. ／アーサー・ディ・リトル・ジャパン訳『なぜ, あなたがリーダーなのか［新版］本物は「自分らしさ」を武器にする』英治出版　2017年

Drucker, P. F., *Managing in a Time of Great Change*, Routledge, 1995. ／上田惇生・佐々木実智男・林正・田代正美訳『未来への決断　大転換期のサバイバル・マニュアル』ダイヤモンド社　1995年

Heifetz, R. and Linsky, M., *Leadership on the Line, With a New Preface : Staying Alive Through the Dangers of Change*, Harvard Business Review Press, 2017. ／野津智子訳『［新訳］最前線のリーダーシップ　何が生死を分けるのか』英治出版　2018年

Iger, R., *The Ride of a Lifetime : Lessons Learned from 15 Years as CEO of the Walt Disney Company*, Bantam Press, 2019. ／関美和訳『ディズニー CEO が実践する10の原則』早川書房　2020年

Magee, D., *Jeff Immelt and the New GE Way : Innovation, Transformation, and Winning in the 21st Century*, McGraw-Hill, 2009. ／関美和訳『ジェフ・イメルト　GE の変わりつづける経営』英治出版　2009年

March, J. G., "The Future, Disposable Organizations and the Rigidities of Imagination," *Organization*, Vol.2, Nos.3-4, 1995.

Merchant, N., *The New How : Building Business Solutions through Collaborative Strategy*, O'Reilly, 2010.

O'Reilly III, C. A. and Tushman, M. L., *Lead and Disrupt : How to Solve the Innovator's Dilemma*, Stanford Business Books, 2016. ／渡部典子訳『両利きの経営　「二兎を追う」戦略が未来を切り拓く』東洋経済新報社　2019年

Peterson, J. and Kaplan, D. A., *The 10 Laws of Trust : Building the Bonds That Make a Business Great*, Amacom Books, 2016. ／田辺希久子訳『信頼の原則　最高の組織をつくる10のルール』ダイヤモンド社　2017年

Prinstein, M., *Popular : Finding Happiness and Success in a World That Cares Too Much About the Wrong Kinds of Relationships*, Penguin Books, 2018. ／茂木健一郎訳『POPULAR「人気」の法則』三笠書房　2018年

Reynolds, A., Goddard, J., Houlder, D. and Lewis, D., *What Philosophy Can Teach You About Being a Better Leader*, Kogan Page, 2020. ／石井ひろみ訳『よきリーダーは哲学に学ぶ』CCC メディアハウス　2020年

Sanders, B., *Fabled Service Participant Workbook : Ordinary Acts, Extraordinary Outcomes*, Pfeiffer & Co., 1997.／和田正春訳『サービスが伝説になる時「顧客満足」はリーダーシップで決まる』ダイヤモンド社　1996 年（新装版　ダイヤモンド社　2014 年）

Schein, E. H. and Schein, P. A., *Humble Leadership : The Power of Relationships, Openness, and Trust*, Berrett-Koehler Publishers, 2018.／野津智子訳『謙虚なリーダーシップ　1 人のリーダーに依存しない組織をつくる』英治出版　2020 年

Schulze, H. with Merrill, D., *Excellence Wins : A No-Nonsense Guide to Becoming the Best in a World of Compromise*, Zondervan, 2019.／御立英史訳『伝説の創業者が明かすリッツ・カールトン 最高の組織をゼロからつくる方法』ダイヤモンド社　2019 年

Sunstein, C. R. and Hastie, R., *Wiser : Getting Beyond Groupthink to Make Groups Smarter*, Harvard Business Review Press, 2014.／田総恵子訳『賢い組織は「みんな」で決める　リーダーのための行動科学入門』NTT 出版　2016 年

第 6 章

池上彰『情報を活かす力』（PHP ビジネス新書）PHP 研究所　2016 年

伊丹敬之『平成の経営』日本経済新聞出版社　2019 年

小巻亜矢『来場者 4 倍の V 字回復！　サンリオピューロランドの人づくり』ダイヤモンド社　2019 年

坂井直樹『好奇心とイノベーション　常識を飛び越える人の考え方』宣伝会議　2020 年

中村朱美『売上を，減らそう。たどりついたのは業績至上主義からの解放』ライツ社　2019 年

名和高志『経営改革大全　企業を壊す 100 の誤解』日本経済新聞出版社　2020 年

宮本彰『KING JIM ヒット文具を生み続ける独創のセオリー』河出書房新社　2015 年

本橋麻里『0 から 1 をつくる　地元で見つけた，世界での戦い方』（講談社現代新書）講談社　2019 年

Amabile, T. M., "How to Kill Creativity," *Harvard Business Review*, September-October 1998.／「組織の創造性を伸ばすマネジメント」Harvard Business Review 編 DIAMOND ハーバード・ビジネス・レビュー編集部訳『ブレークスルー思考』ダイヤモンド社　2001 年

Amabile, T. and Kramer, S., *The Progress Principle : Using Small Wins to Ignite Joy, Engagement, and Creativity at Work*, Harvard Business Review Press, 2011.／中竹竜二監訳，樋口武志訳『マネジャーの最も大切な仕事　95％の人が見過ごす「小さな進捗」の力』英治出版　2017 年

Badaracco, J. L., *Leading Quality : An Unorthodox Guide to Doing the Right Thing*, Harvard Business Review Press, 2002.／高木晴夫監修，夏里尚子訳『静かなリーダーシップ』翔泳社　2002 年

Badaracco, J. L., *The Good Struggle : Responsible Leadership in an Unforgiving World*, Harvard Business Review Press, 2013.／山内あゆ子訳『ハーバード流　マネジメント講座 ひるまないリーダー』翔泳社　2014 年

Badaracco, J. L., *Defining Moments : When Managers Must Choose Between Right and*

Right, Reissue, Harvard Business Review Press, 2016. ／金井壽宏監訳，福島俊造訳『「決定的瞬間」の思考法　キャリアとリーダーシップを磨くために』東洋経済新報社　2004年

Badaracco, J. L., *Managing in the Gray : Five Timeless Questions for Resolving Your Toughest Problems at Work*, Harvard Business Review Press, 2016. ／山形浩生訳『マネージング・イン・ザ・グレー　ビジネスの難問を解く5つの質問』丸善　2019年

Buchholz, S., Roth, T. and Wilson Learning Worldwide Inc., *Unplugged : How Organizations Less Their Energy and How to Get It Back*, Wilson Learning Corp., 2019. ／小田理一郎監訳，東出顕子訳『成長企業が失速するときに，社員に"何"が起きているのか？　仕事に「働きがい」と「エネルギー」を取り戻す方法』日経BP社　2020年

Burchell, M. and Robin, J., *The Great Workplace : How to Build It, How to Keep It, and Why It Matters*, Jossey-Bass, 2011. ／伊藤健市・斎藤智文・中村艶子訳『最高の職場　いかに創り，いかに保つか，そして何が大切か』ミネルヴァ書房　2012年

Bush, M. C. CEO and The Great Place to Work Research Team, *A Great Place to Work for All : Better for Business, Better for People, Better for the World*, Berrett-Koehler Publishers, 2018. ／笹山裕子訳『世界でいちばん働きがいのある会社』日経BP社　2018年

Eagly, A. et al., "Transformational, transactional, and laissez-faire leadership styles : a meta-analysis comparing woman and men," *Psychological Bulletin*, Vol.129, 2003.

Goffee, R. and Jones, R., *Why Should Anyone Work Here ? : What It Takes to Create an Authentic Organization*, Harvard Business Review Press, 2015. ／森由美子訳『DREAM WORKPLACE（ドリーム・ワークプレイス）だれもが「最高の自分」になれる組織をつくる』英治出版　2016年

Grant, A. and Berry, J., "The necessity of others is the mother of invention : intrinsic and prosocial motivations, perspective taking, and creativity, *Academy of Management Journal*, Vol.54, 2011.

Hamel, G., "First, Let's Fire All the Managers," *Harvard Business Review*, December 2011.

Hill, L. A., "Becoming the Boss," *Harvard Business Review*, January 2007. ／DIAMONDハーバード・ビジネス・レビュー編集部訳「新任マネジャーはなぜつまずいてしまうのか」『DIAMONDハーバード・ビジネス・レビュー』2007年3月号

Laloux, F., *Reinventing Organizations : A Guide to Creating Organizations Inspired by the Next Stage in Human Consciousness*, Lightning Source Inc., 2014. ／鈴木立哉訳『ティール組織　マネジメントの常識を覆す次世代型組織の出現』英治出版　2018年

Levy, L., *To Pixar and Beyond : My Unlikely Journey with Steve Jobs to Make Entertainment History*, Oneworld Publications, 2017. ／井口耕二訳『PIXAR ピクサー 世界一のアニメーション企業の今まで語られなかったお金の話』文響社　2019年

Lilienthal, D. E., "Management of the multinational corporation," in Bach, G. and Anshen, M., *Management and Corporation*, Carnegie Institute of Technology, 1960. ／名東孝二訳『20

年後の会社と経営　カーネギー工科大学工業経営大学院創立 10 周年記念討論会』日本生
産性本部　1964 年

Lilienthal, D., *Management : A Humanist Art*, Columbia University Press, 1967.

Maslow, A. H., *Maslow on Management*, Wiley, 1998. ／金井壽宏監訳，大川修二訳『完全な
る経営』日本経済新聞出版社　2001 年

Pfeffer, J., *Dying for a Paycheck : How Modern Management Harms Employee Health and
Company Performance-and What We Can Do About It*, Harper Business, 2018. ／村井章
子訳『ブラック職場があなたを殺す』日本経済新聞出版社　2019 年

Piccolo, R. and Colquitt, J., "Transformational leadership and job behaviors : the mediating
role of core job characteristics," *Academy of management Journal*, Vol.49, 2006.

Robertson, B. J., *Holacracy : The New Management System for a Rapidly Changing
World*, Henry Holt & Co., 2015. ／瀧下哉代訳『HOLACRACY　役職をなくし生産性を
上げる まったく新しい組織マネジメント』PHP 研究所　2016 年

Vugt, M. V., Jepson, S. F., Hart, C. M. and Cremer, D. D., "Autocratic Leadership in Social
Dilemmas : A Threat to Group Stability," *Journal of Experimental Social Psychology*,
Vol.40, No.1, January 2004.

第 7 章

カラーズ編『携帯電話のデザインロジック』誠文堂新光社　2008 年

喜多俊之『ヒット商品を創る デザインの力』日本経済新聞出版社　2007 年

佐々木康裕『感性思考　デザインスクールで学ぶ MBA より論理思考より大切なスキル』
SB クリエイティブ　2020 年

塩野七生『生き方の演習　若者たちへ』朝日出版社　2010 年

中西元男『コーポレート・アイデンティティ戦略　デザインが企業経営を変える』誠文堂新
光社　2010 年

中村史郎「経営資源としてのデザイン　自動車産業におけるデザインマネジメント」『一橋
ビジネスレビュー』2007 年 AUT.

長沢伸也編，岩谷昌樹『デザインマインド・マネジャー　盛田昭夫のデザイン参謀　黒木
靖夫』日本出版サービス　2009 年

日本デザインセンター編『デザインのポリローグ　日本デザインセンターの 50 年』誠文堂
新光社　2010 年

原研哉・阿部雅世『なぜデザインなのか。』平凡社　2007 年

三宅一生（聞き手・編集：重延浩）『三宅一生　未来のデザインを語る』岩波書店　2013 年

パトリック・ラインメラ，米倉誠一郎「企業活力としてのデザイン　デザイン・イノベーショ
ンのマネジメント」『一橋ビジネスレビュー』2007 年 AUT.

Blaich, R., "Design Management : Unfinished Business for this Millennium," *Speech and
Abstract Presented at the Challenge of Complexity*, 3rd International Conference on
Design Management, 21–22 August, University of Art and Design Helsinki (UIAH),
1995.

Drucker, P. F., *Innovation and Entrepreneurship*, Harper & Row, 1985.

Dyson, J., *Against the Odds*, Orion Publishing, 1997.／樫村志保訳『逆風野郎！　ダイソン成功物語』日経 BP 社　2004 年

Finkelstein, S., Harvey, C. and Lawson, T., *Breakout Strategy : Meeting the Challenge of Double-Digit Growth*, McGraw-Hill, 2007.／橋口寛監訳，矢沢聖子訳『ブレイクアウト ストラテジー　2 ケタ成長企業の戦略』日経 BP 社　2007 年

Magee, D., *Turn Around : How Carlos Ghosn Rescued Nissan*, Harper Business, 2003.／福嶋俊造訳『ターンアラウンド　ゴーンは，いいかにして日産を救ったのか？』東洋経済新報社　2003 年

Peters, T., *The Excellence Dividend : Meeting the Tech Tide with Work That Wows and Jobs That Last*, Vintage, 2018.／久保美代子訳『新エクセレント・カンパニー　AI に勝てる組織の条件』早川書房　2020 年

Postrel, V., "The Aesthetic Economy : Beauty is not Skin Deep," *Milken Institute Review*, Fourth Quarter, 1999.

Rosengarten, P. G. and Stuermer, C. B., *Premium Power : The Secret of Success of Mercedes-Benz, BMW, Porsche and Audi*, Palgrave, 2006.

Slywotzky, A. J. with Weber, K., *The Upside : The 7 Strategies for Turning Big Threats into Growth Breakthroughs*, Grown Business, 2007.／伊藤元重・佐藤徳之監訳，中川治子訳『大逆転の経営　危機を成長に変える 7 つの戦略』日本経済新聞出版社　2008 年

Wilken, P., *Dim Sum Strategy : Bite-Sized Tools to Build Stronger Brands*, Parafine Press, 2019.

Zyman, S. with Brott, A. A., *Renovate Before You Innovative : Why Doing the New Thing Might Not Be the Right Thing*, Portfolio Hardcover, 2004.／中野雅司監訳，山本暎子訳『そんな新事業なら，やめてしまえ！　既存の資産と能力を活かす 6 つの法則』ダイヤモンド社　2005 年

第 8 章

エットレ・ソットサス著，東暑子訳『夜ノ書　エットレ・ソットサス自伝』鹿島出版会　2012 年

川島容子『フランフランの法則』東洋経済新報社　2007 年

坂井直樹『デザインのたくらみ』トランスワールドジャパン　2006 年

佐藤智恵『ハーバードはなぜ日本の「基本」を大事にするのか』（日経プレミアムシリーズ）日本経済新聞出版社　2020 年

髙島郁夫『フランフランを経営しながら考えたこと　Francfranc からデザインビジネスの可能性を拡げるバルスの戦略』経済界　2008 年

髙島郁夫『遊ばない社員はいらない　仕事の成果は，楽しんだ時間で決まる』ダイヤモンド社　2010 年

深澤直人『デザインの輪郭』TOTO 出版　2005 年

Alessi, A., *The Dream Factory : Alessi Since 1921*, Rizzoli, 2016.

Best, K., *Design Management : Managing Design Strategy, Process and Implementation*, AVA, 2006. ／バベル訳『デザインマネジメント　デザインをビジネス戦略に活かす基礎知識　戦略・プロセス・実践のすべて』美術出版社　2008 年

Dreyfuss, H., *Designing for People*, Simon & Schuster, 1951.

Dyson, J., *Against the Odds*, Orion Publishing, 1997. ／樫村志保訳『逆風野郎！　ダイソン成功物語』日経 BP 社　2004 年

Holmes, K., *Mismatch : How Inclusion Shapes Design*, The MIT Press, 2018. ／大野千鶴訳『ミスマッチ　見えないユーザーを排除しない「インクルーシブ」なデザインへ』ビー・エヌ・エヌ新社　2019 年

Kelly, T. with Littman, J., *The Art of Innovation : Lessons in Creativity from IDEO, America's Leading Design Firm*, Profile Books, 2001. ／鈴木主税・秀岡尚子訳『発想する会社！　世界最高のデザイン・ファーム IDEO に学ぶイノベーションの技法』早川書房　2002 年

Lerman, S., *Building Better Brands : A Comprehensive Guide to Brand Strategy and Identity Development*, How Books, 2013.

Lupton, E., *Design Is Storytelling*, Cooper Hewitt, Smithsonian Design Museum, 2017. ／ヤナガワ智予訳『デザインはストーリーテリング　「体験」を生み出すためのデザインの道具箱』ビー・エヌ・エヌ新社　2018 年

Papanek, V., *Design for the Real World : Human Ecology and Social Change*, Second Edition, Completely Revised, Academy Chicago, 1984. ／阿部公正訳『生きのびるためのデザイン』晶文社　1974 年

Peters, T., *Design : Innovate Differentiate Communicate*, Dorling Kindersley, 2005. ／宮本喜一訳『トム・ピーターズのマニフェスト①デザイン魂。』ランダムハウス講談社　2005 年

Pine, II, B. J. and Gilmore, J. H., *The Experience Economy : Work is Theatre & Every Business a Stage*, Harvard Business School Press, 1999. ／ Updated Edition, Harvard Business School Press, 2011. ／ With a New Preface by the Authors : *Competing for Customer Time, Attention, and Economy, and Money*, Harvard Business School Press, 2019. ／電通「経験経済」研究会訳『経験経済　エクスペリエンス・エコノミー』流通科学大学出版　2000 年／岡本慶一・小高尚子訳『新訳　経験経済』ダイヤモンド社　2005 年

Pink, D. H., *A Whole New Mind : Why Right-Brainers Will Rule the Future*, Riverhead Books, 2005. ／大前研一訳『ハイ・コンセプト　「新しいこと」を考え出す人の時代』三笠書房　2006 年

Real Design 編集部編，田村十七男『おしゃべりなデザイン』枻出版社　2008 年

Rowly, L., *On Target : How the World's Hottest Retailer Hit a Bull's-Eye*, John Wiley & Sons, 2003. ／田中めぐみ訳『ターゲット　全米 No.2 ディスカウントストアの挑戦』商業界　2005 年

Sadler, B., *Collaboration is King : How Game-Changers Create Marketing Partnerships That Build Brands and Grow Businesses*, Sol & Sonny, 2018.

Target, *Target : 20 Years of Design for All, : How Target Revolutioned Accessible Design*, Rizzoli, 2019.

Utterback, J., Vedin, B-A., Alvarez, E., Ekman, S., Sanderson, S. W., Tether, B. and Verganti, R., *Design-Inspired Innovation*, World Scientific, 2006.／サイコム・インターナショナル監訳『デザイン・インスパイアード・イノベーション　顧客に喜びを与え，簡素と品位を強調し，意味を創造する』ファーストプレス　2008 年

Volner, I., *Michael Graves : Design for Life*, Princeton Architectural Press, 2018.

Zec, P., *The Form of Success : Design as a Corporate Strategy*, Red Dot Edition, 2018.

第 9 章

アンダッシュ・ダルヴィッグ著，志村未帆訳『IKEA モデル　なぜ世界に進出できたのか』集英社クリエイティブ　2012 年

エンツォ・マーリ著，田代かおる訳『プロジェクトとパッション』みすず書房　2009 年

菅付雅信『これからの教養　激変する世界を生き抜くための知の 11 講』ディスカヴァー・トゥエンティワン　2018 年

竹尾編，原研哉・日本デザインセンター原デザイン研究所企画・構成『RE DESIGN 日常の 21 世紀』朝日新聞社　2000 年

竹尾編，原研哉・日本デザインセンター原デザイン研究所企画・構成『HAPTIC　五感の覚醒』朝日新聞社　2014 年

田中一光編『無印の本』リブロポート　1988 年

堤清二『レジャーの科学』実業之日本社　1962 年

日経デザイン編『無印良品のデザイン』日経 BP 社　2015 年

日経デザイン編『無印良品のデザイン 2』日経 BP 社　2016 年

原研哉『デザインのデザイン』岩波書店　2003 年

原研哉『白』中央公論新社　2008 年

原研哉『日本のデザイン　美意識がつくる未来』(岩波新書) 岩波書店　2011 年

原研哉『デザインのめざめ』(河出文庫) 河出書房新社　2014 年

深澤直人『AMBIENT 深澤直人がデザインする生活の周囲展』現代企画室　2017 年

増田明子『MUJI 式　世界で愛されるマーケティング』日経 BP 社　2016 年

松井忠三『無印良品は，仕組みが 9 割　仕事はシンプルにやりなさい』角川書店　2013 年

松井忠三『無印良品の，人の育て方』角川書店　2014 年

松井忠三『覚悟さえ決めれば，たいていのことはできる』サンマーク出版　2015 年

松井忠三『無印良品が，世界でも勝てる理由　世界に“グローバル・マーケット”は，ない』KADOKAWA　2015 年

松井忠三『無印良品の PDCA　一冊の手帳で常勝経営を仕組み化する！』毎日新聞出版　2017 年

松本隆『シニフィエを買いに。これからのためのセゾン・マーケティング論』繊研新聞社　2020 年

流通企業研究会『「無印良品」のモノづくり発想　5 年で経常利益 28 倍　元気企業が巻き起

こす製販革命』オーエス出版　1996 年

リュディガー・ユングブルート著，瀬野文教訳『IKEA 超巨大小売業　成功の秘訣』日本経
　済新聞出版　2007 年

良品計画『MUJI が生まれる「思考」と「言葉」』KADOKAWA　2018 年

渡辺米英『無印良品の「改革」　なぜ無印良品は蘇ったのか』商業界　2006 年

渡辺米英『無印良品　世界戦略と経営改革』商業界　2012 年

バッティル・トーレクル著，楠木透子訳『イケアの挑戦　創業者（イングヴァル・カンプラー
　ド）は語る』ノルディック出版　2008 年

Harrison, J. S., *Strategic Management of Resources and Relationships : Concepts*, John
　Wiley & Sons, 2002.

Wright, K. D., *Follow the Feeling : Brand Building in a Noisy World*, Wiley, 2019.

あとがき

遠藤功『コロナ後に生き残る会社 食える仕事 稼げる働き方』東洋経済新報社　2020 年

欧文索引

和文索引

著者紹介

岩谷　昌樹〔いわたに　まさき〕

1973 年　岡山県倉敷市生まれ
1996 年　立命館大学経営学部経営学科卒業
2001 年　立命館大学大学院経営学研究科博士後期課程修了
　　　　　博士（経営学）
2003 年　東海大学政治経済学部経営学科専任講師
2006 年　東海大学政治経済学部経営学科助教授
2007 年　東海大学政治経済学部経営学科准教授
2013 年　東海大学政治経済学部経営学科教授（現在に至る）
専門は「国際経営論」「デザインマネジメント」
2006 年度・2009 年度東海大学 Teaching Award 優秀賞受賞
主　著　『コンカレント・カンパニー　寄り添う企業が市
　　　　　場を制す』晃洋書房　2018 年
　　　　　『大学生のための国際経営論』創成社　2018 年
　　　　　『トピックスから捉える国際ビジネス』白桃書房
　　　　　2007 年

現代ビジネス論

2021年1月20日　第1版第1刷発行

著　者　　岩谷　昌樹

発行者　田中　千津子　　〒153-0064　東京都目黒区下目黒3-6-1
　　　　　　　　　　　　　電話　03（3715）1501 代
発行所　㈱学文社　　　　FAX　03（3715）2012
　　　　　　　　　　　　　https://www.gakubunsha.com

Ⓒ IWATANI Masaki 2021　　　　　Printed in Japan
乱丁・落丁の場合は本社にてお取替えします。
定価は売上カード，カバーに表示。　　　印刷／新灯印刷株式会社

ISBN978-4-7620-3040-6